KB062786

나를 사랑하는 사람만이

다른 사람을 사랑할 수 있다

김태윤

부모力

부모力

김태윤 지음

행복한 가정을 만들어가는 45가지 父母力

창해

코로나 위기,
부모가 먼저 중심을 잡아야 할 때다

코로나19의 장기화로 모든 사람이 지쳐가고 있다. 그럼에도 불구하고 오늘도 전속력으로 달리는 사람들……. 대한민국의 평범한 일상이다. 아이는 아이대로 부모는 부모대로 달리지 않으면 당장 죽을 것처럼 남녀노소 누구나 할 것 없이 달리고 또 달린다. 그러다 보니 여러 가지 사회문제가 생기고 있다. 코로나로 인해 경제적 불평등을 넘어 각 가정별로 정서적 행복도 격차가 벌어지는 듯하다. 게다가 대한민국을 뒤덮고 있는 혐오 문제와 세계 최고를 기록하는 자살률까지……. 국민 소득은 계속 올라가고 있는데 왜 우리나라 사람들은 아이부터 어른까지 전보다 더 불행하다고 느끼는 것일까?

이런 사회문제들은 코로나 발병 이전, 아니 한참 전에 이미 생겼다. 특히 우리나라 사람들이 자부심을 가지는 '한강의 기적'이 가져온 나비효과가 아닐까 생각한다. 우리나라 국민은 6·25전쟁이라는 민족적 아픔을 디디고 전 세계에서 유일무이한 경제발전을 이루었고 지금의 대한민국을 만들어냈다. 하지만 다른 나라보다 뒤처진 경제를 따라잡기 위한 우리의 '근면함'과 '빨리빨리' 문화로 인해 오히려 소중한 것들을 잃어버렸다.

특히 급격한 자본 사회의 파고에 휩싸여 그동안 우리나라의 정신적 기둥이 되었던 인간 존중, 공경 사상, 공동체 문화가 급격히 무너졌고 여기에 코로나 팬데믹까지 겹치면서 그 흐름은 더욱 가속화되고 있다. 핵가족을 넘어 '1인 사회'가 도래하면서 마을 공동체로 서로에게 힘이 되었던 문화가 사라져버렸다. 요즘은 옆집에 누가 사는 줄도 모르고 아파트 엘리베이터에서 만나면 시선 처리가 애매한 상황이 되었다. 많은 사람의 아날로그 정서를 일깨워줬던 드라마 〈응답하라〉 시리즈는 그야말로 TV 속에만 존재하는 추억 속에 갇혀버렸다.

우리는 한강의 기적이라는 짜릿함을 맛보았지만 잃어버린 것이 너무나 많다. 그런 의미에서 한강의 기적을 이룬 뒤 오랫동안 경제개발의 소용돌이 속에서 살아왔다. 이런 사회환경 속에서 우리는 그동안 잊어버리고 소홀히 했던 가족, 친구, 주변의 소중한 사람들을 의식적으로 다시 들여다보아야 한다. 혹시 몸과 마음이 아픈 사람은 없는지 챙기면서 물질만능주의로 변해버린 이 사회를 정화할 필요가 있다.

그런 와중에 세상은 '4차 산업혁명'이라는 새로운 키워드를 내놓았고, 최근에는 코로나 시대로 인해 모든 것을 바꿔야 한다는 주장도 나왔다. 한강의 기적 이후 새로운 동력을 찾고 있던 사람들이 제2의 한강의 기적을 꿈꾸듯 4차 산업혁명, 코로나라는 거대한 블랙홀에 모든 것을 거는 모양새다. 우리는 이런 현대사회의 특성을 정확히 바라볼 필요가 있다.

특히 우리나라는 땅이 좁고 인구밀도가 높은 가운데 급속한 경제성장을 이루다 보니 지나친 경쟁과 비교가 당연시되었고, 이는 아이 교육에서도 마찬가지다. 우리나라는 전 세계에서 태어나기도 전에 태명을 가지는 유일한 나라다. 태어나자마자 각종 교육 관련 모빌과 교구가 들어오고, 조금 더 시간이 지나면 여기저기서 좋다는 전집이 들어온다. 어떤 사람들은 '대치동맘', '돼지맘'이라고 욕하지만 마음 한편에는 그들에 대한 부러움이 자리하고 있을지도 모른다.

영어유치원-사립초등학교-국제중학교-특목고-SKY나 미국 아이비리그 대학이 성공한 사람의 공식이라도 되듯 대부분의 사람들이 이에 목을 매거나 가지 못해 안달이다. 부모들은 또 어떤가? 우리나라 중산층의 기준, 즉 부채 없는 아파트

30평 이상 소유, 월급여 500만 원 이상, 자동차는 2,000CC 이상, 예금 잔고 1억 이상, 해외여행 1년에 1번 이상에 맞추기 위해 달리고 또 달린다. 대한민국 사람이라면 누구나 세상이 만들어놓은 이런 기준에 의해 부지불식간에 철저히 교육되고 때로는 세뇌당한다. 거기에 IT 강국답게 온 나라가 온오프라인으로 '초연결'돼 자신만의 삶의 철학이나 주관을 가지고 살아가기가 쉽지 않다. 오늘 하루도 TMI(too much information)와 정제되지 않은 유튜브, 각종 기사가 우리를 실시간으로 유혹한다.

가정에서의 모습도 마찬가지다. 그동안 우리는 회사와 집만 반복적으로 오가는 생활을 해왔다. 위에서는 찍어 내리고 아래서는 치고 올라오는 압박감 속에서도 가족을 생각하며 하루하루를 근근이 버텼다. 생존을 위해 하루의 대부분을 회사에서 보내는 통에 집은 잠만 자는 하숙집이 되어버렸다.

왜 우리는 이렇게 살아야 하는 걸까? 행복해지고 함께하고 싶어 결혼하고 아이도 낳았는데, 행복한 가정을 위해 열심히 일해왔는데 정작 가족과 보내는 시간은 점점 줄어들고 있다. 주 52시간 근무제와 워라밸(work & life balance) 시대의 흐름에 맞게 하루라도 빨리 우리 삶의 '리셋 버튼'을 누르는 동시에 부모로서 아이 교육에 대한 원칙과 철학을 확고히 정립해야만 한다.

이제 더 늦기 전에, 코로나로 더 많은 것을 잃기 전에 우리 부모들부터 진짜 '부모의 힘'은 어디에서 오는지 치열하게 고민해보자. 아이를 만나기 전에 '나'를 먼저 만나야 한다. 나를 제대로 알고 내가 태어난 의미를 찾은 후에 '가족'을 만나자. 그리고 가화만사성(家和萬事成)을 실현한 후에 비로소 '세상'을 만나야 한다. 그래야만 진짜 행복한 미래를 만들어나갈 수 있다. 그러지 않으면 코로나 팬데믹, 4차 산업혁명, 초연결 사회라는 '괴물'에 언제든지 흔들리며 내 의지와 상관없이 남의 인생을 살아갈 수 있기 때문이다.

그런 의미에서 하루하루 팍팍하게 살아가는 우리 사회를 객관적으로 바라보고 더 나아가 부모로서 코로나블루의 조기 탈출을 위해 활용 가능한 45가지 이야기를 담았다. 이 글을 읽다 보면 코로나 시대에 부모로서 해야 할 일은 무엇인지 자연스레 생각하게 되고, 공교육과 사교육 사이에서 흔들리는 마음도 다소 안정될 것이다. 아울러 이 혼탁한 세상과 싸워나갈 긍정의 에너지를 얻게 될 것이다. 그런 긍정적 에너지가 우리의 소중한 아이들에게 전파된다면 그 아이는 코로나 시대에도 자존감을 잃지 않고 세상을 향해 뚜벅뚜벅 걸어갈 수 있을 것이다.

모쪼록 이 책이 품고 있는 작은 가치들이 밀알이 되어 우리 가정에서 웃음소리가 더 커지는 나비효과를 일으키기를 꿈꿔 본다.

PS. 이 책이 더 단단해질 수 있게 물심양면으로 애써주신 도서출판 창해 황인원 대표님과 교정교열자님, 표지와 본문 작업을 해주신 두 분 디자이너님께도 감사드린다. 또한 오늘의 나를 있게 해주신 오래전 홀로 되신 어머니와 귀한 딸을 선뜻 주신 구미의 장인 장모님께도 감사드린다. 또 글을 쓰는 오랜 기간 묵묵히 응원하고 힘을 불어넣어준, 이 세상에서 가장 소중한 아내와 사랑하는 딸 시현이에게도 특별히 감사를 전한다.

차례

2장 가족을 만나다

가정이 행복하다면 이미 성공한 인생이다

3장 세상을 만나다

세상에 상처받지 않기 위해 부모력을 키운다

4장 행복을 만나다

오늘 행복하지 않다면 영원히 행복할 수 없다

5장 미래를 만나다

누구의 엄마 아빠가 아닌 나만의 멋진 라스트신을 준비한다

1장
나를 만나다

엄마 아빠는 꿈이 뭐예요?

01

대면

- 아이를 만나기 전에 나를 만나다

오래전 딸아이가 식사를 하다가 갑자기 질문을 던진 적이 있다.

"아빠는 꿈이 뭐예요?"

순간 머릿속이 하얗게 되면서 아무 생각이 나지 않았다. 고등학교 때까지는 국어선생님이 꿈이었으나 그 이후 꿈을 제대로 생각해보지 않아서다. 직장 생활을 하면서 온갖 자기 계발서를 읽으며 나를 다그치고 채찍질했다. 그런데 그 또한 세상에 살아남기 위한 몸부림이었다. 사실 사회생활을 시작하면서 꿈은 사라져버렸다. 사회생활 초반에는 잭 웰치(Jack Welch) 전 GE 회장 같은 CEO를 꿈꿨던 적도 있었다. 하지만 얼마 후 CEO는커녕 임원도 힘들다는 것을 알게 되었고, 그 후로는 꿈에 대해 생각해본 적이 없는 것 같다. 그냥 하루하루 살기 바빴다.

아이의 질문은 나에게 무겁게 다가왔다. 과거의 꿈도 아니고 지금의 꿈이 뭐냐고? 학창 시절에는 국어선생님, 사회 초년병 시절에는 CEO 그리고 지금은……. 그날 아이에게 제대로 답하지 못했지만, "우리 딸이 행복해지는 것"이라고 답할 걸 그랬나 하는 생각도 든다.

> 나만을 위한 15분의 시간을 먼저 떼놓아라. 당신을 은행예금 계좌로 생각하라. 항상 인출만 한다면 감정적 파산 상태가 될 수 있다. 매일 스스로를 위해 쓸 수 있는 15분을 떼어놓고, 그것을 내면의 시간(internal time) 또는 매일의 예금 시간(daily deposit time)이라 부르도록 하라.
>
> - 브라이언 로빈슨(Brian Robinson), 《워커홀리즘》 중에서

"진정한 리더가 되려면 하루에 두 시간은 자신만의 시간을 가져야 한다"는 말이 있다. 그래서 성공한 수많은 리더들이 명상이나 자신만의 성찰 시간을 가지는 모양이다. 아이에게는 어찌 보면 부모가 리더라고 할 수 있을 것이다. 하지만 우리 부모들은 일상에 치여 그런 사치스러운 시간이 없다고 한다. 이런 생활이 반복되다 보니 아이에게는 '심장 뛰는 꿈'을 가지라고 하면서도 정작 우리의 꿈은 안드로메다에 가 있는 것이다.

모든 사람은 0시가 되는 순간 똑같이 24시간을 새로 지급받는다. 24시간이라는 통장이 발행되는 순간 시간이라는 예적금 통장을 따로 만들어놓는다면 누구나 자신만의 시간을

만들 수 있을 것이다. 그 시간은 자신이 처한 환경에 따라 유동적으로 만들면 된다. 어떤 사람은 새벽 기상을 통해 미라클 모닝을 실천할 수도 있고, 어떤 사람은 점심시간에 혼자 밥을 먹으며 깊은 성찰에 빠져볼 수도 있으며, 어떤 사람은 자기 직전 10분 동안 일기를 쓰며 오늘을 마감하고 내일을 준비할 수도 있다.

나는 잠자기 30분 전에는 반드시 스마트폰을 끈다. "너도 오늘 하루 종일 연결하느라 힘들었으니 이제 그만 쉬어"라는 의미이기도 하다. 이렇게 스마트폰을 끄는 것은 세상사와의 로그아웃이자 나 자신과의 로그인을 뜻한다. 이것은 어찌 보면 나 자신과 온전히 만나기 위한 의식(ritual)이자 루틴(routine)인 것이다. 스마트폰을 끄고 난 뒤 다이어리를 보며 오늘 일을 반성하고 내일 계획, 이번 주 계획을 들여다보며 나의 일상을 조용히 정리하는 시간을 가진다. 다이어리를 정리할 때는 주로 샤프펜슬을 쓴다. 실시간으로 바뀌는 사회와 나의 각오를 쓰고 지우기에 편하기 때문이다.

내 삶의 소중한 가치와 행복은 오직 스스로 발견할 수 있다. 다른 사람의 눈에는 절대 보이지 않는다. 그러므로 우리는 반드시 혼자 있는 시간을 정기적으로 만들어야 한다. 일상이 복잡하고 바쁠수록 자기 내면의 '진정한 자아'와 만나는 시간을 꾸준히 확보해야 한다. 그래야만 이 세상에 흔들리지 않고 내 인생의 주인공으로서 뚜벅뚜벅 걸어갈 수 있기 때문이다.

그런 의미에서 세상에서 가장 바쁘다는 글로벌 IT 기업 창업자도 일 년에 두 번은 자기만의 공간에서 '생각 주간(think week)'을 가진다고 한다. 이 혼자만의 시간을 통해 미래의 삶의 방향을 점검하는 것이다. 일상의 복잡한 소용돌이 속에서 삶의 방향성을 잃어버렸을 때, 삶이 즐겁지 않을 때, 누구도 나를 좋아하지 않는 것 같을 때 우리에게 필요한 것은 이처럼 나와 대면하는 시간일지도 모른다.

어찌 보면 나를 만나는 시간은 고독을 넘어 휴식이 될 수 있다. 이는 주변과의 관계를 잠시 멈추는 것이 아니라 오히려 다른 사람과의 시간을 소중히 하기 위해 준비하는 시간이다. 나를 만나기 위해서는 자신의 시간을 좀 더 주도적으로 사용할 필요가 있다. 나를 만나는 시간을 만들려면 기존의 일을 더 효율적으로 처리해야 하고, 평소 생각 없이 만났던 사람들도 다이어트를 해야 한다. 이런 시간의 조각조각이 모여 자신과 대면하는 농밀한 시간을 만든다. 최근 4차 산업혁명 시대, 초연결 사회의 중심에 있는 우리나라에서도 번아웃(burnout)이라는 말이 유행어처럼 사용되고 있다. 번아웃은 일에 열정적으로 몰두하던 사람이 신체적·정신적 차원에서 극도의 피곤함을 느끼고 무기력해지는 증상을 말한다.

사실 우리에게는 바쁜 일상을 성공을 위한 성장통처럼 생각하고, 워커홀릭을 롤 모델로 생각하는 사회적 문화가 있었다. 그러면서 사회적으로 성공하기 위해 인적 네트워크도 중요하게 생각해서 수없이 많은 사람을 만난다. 특히 한국인의 스마트폰 사용 시간은 세계 최고 수준이다. 통화하지 않을 때도 SNS나 메신저를 통해 상시 대기 상태다. 그래서 의식적으로 만들지 않으면 혼자만의 시간을 절대 가질 수 없는 상황이다.

결국 의식적으로 그리고 정기적으로 혼자만의 시간을 가져야 한다. 그리고 그 시간만은 온라인이든 오프라인이든 다른 사람과 로그아웃돼야 한다. 자신만의 조용한 공간에 있어도 좋고 산책을 해도 좋다. 핵심은 나를 오롯이 만나는 시간이 필요하다는 것이다. 그래야만 우리의 뇌가 식기 시작하고 소진되는 상황을 미연에 방지할 수 있다. 일주일에 단 몇 시간이라도 혼자만의 시간을 가져야 번아웃을 방지하는 것은 물론 사람 스트레스로 내상을 입는 불상사도 막을 수 있다.

그런 의미에서 "인디언은 말을 타고 달리다 내 영혼이 잘 따라오는지 돌아보기 위해 잠깐 멈춘다"는 말을 상기할 필요가 있다. 우리는 내가 지금 잘 살고 있는지, 내가 지금 행복한지 매일 마음을 들여다보고 살펴봐야 한다. "세상에서 가장 만나기 힘든 사람은 유명 연예인이나 스포츠 스타가 아니라 자기 자신"이라는 말도 있다. 바쁜 현대사회에서 쏟아지는 정보의 홍수 속에서 정작 나를 돌아볼 시간이 없다는 이야기다. 세상이 점점 복잡해지고 통제할 수 없는 환경이 나를 엄습해올수록 나를 만나는 시간을 정기적으로 가져야 한다.

사람에게는 두 번의 의미 있는 날이 있다고 한다. 하루는 자신이 태어난 날이고 다른 하루는 내가 태어난 이유를 알게 된 날이다. 우리는 혼자 있는 시간을 통해 자신이 태어난 이유를 당연히 알고 있어야 한다. 그 이유를 아직 잘 모르겠다면 오늘이라도 잠들기 전에 조용히 '존재의 이유'를 생각해보자.

우리는 그동안 내 인생이 아니라 남에게 보여주기 위한 인생을 살며 자의 반 타의 반 행복한 삶을 유예해왔다. 학창 시절에는 좋은 대학에 입학하기 위해 행복을 유예하고 대학에 들어와서는 취업하기 위해, 취업을 한 뒤에는 결혼하기 위해 당장의 행복을 유예한다. 또 결혼 후에는 내 집을 마련하기 위해, 집을 장만하고 나서는 자녀 교육을 위해, 교육 후에는 자녀 결혼을 위해 또다시 현재의 행복을 유예한다.

그리고 풍요로운 노년을 위해 지금의 행복마저 유예한다면 나라는 존재는 어느 순간 이 세상에서 영원히 사라지고 말 것이다. 삶의 마지막 순간 그렇게 살아온 인생이 서글퍼 통곡할지도 모른다. 그러니 오늘부터라도 더 이상 나의 행복을 유예하지 말자. 당장 오늘밤에 잊고 있던 나의 어린 시절 꿈을 소환해보자. 나의 영혼과 이야기를 나눠보자. 내 영혼이 잘 따라오는지 돌아본다는 인디언처럼 말이다.

코로나블루, 행복한 가정을 위한 하루 한 문장

매일 정기적으로 나와 대면하는 시간과 공간을 만든다.

02

자기애

- 세상에서 가장 위대한 사랑은 자기 자신을 사랑하는 것이다

"모든 사람은 천재다. 하지만 물고기들을 나무 타기 실력으로 평가한다면, 물고기는 평생 자신이 형편없다고 믿으며 살아갈 것이다."

- 알베르트 아인슈타인(Albert Einstein)

"아이들이 가지고 태어나는 잠재력의 총합은 누구나 똑같다"는 말이 있다. 잠재력의 총합은 같지만 각자가 잘하는 분야는 따로 있다는 것이다. 어떤 아이는 공부를 잘하고 어떤 아이는 운동을 잘하는 식이다. 하지만 우리나라는 국영수 점수로, 대학 서열로, 대기업에 다니느냐로, 직업이 전문직이냐로 사람들의 능력을 평가하고 더 나아가 그 사람의 인생까지 재단해버린다.

우리는 이런 사회적 환경에 소속되어 있다는 냉정한 현실을 깨달아야 한다. 그래야만 나른 사람들이 가는 길을 따라가

다가 아이들과 멀어지고 결국 인생의 마지막에 후회하는 일을 방지할 수 있다. 이를 극복하려면 무엇보다 나를 사랑하는 마음이 선행되어야 한다고 생각한다. 만일 내가 나 자신을 좋아하지 않는다면 누가 나를 좋아하겠는가? 또한 나 자신을 좋아하지 않으면서 내 아이를 좋아할 수 있겠는가?

내가 나를 좋아하면 자연스레 내면에서 향기가 발산된다. 그러면 아이들도 다른 사람들도 긍정의 기운을 받아 나를 좋아해주게 마련이다. 무엇보다 "내 허락 없이는 어느 누구도 나를 불행하게 할 수 없다"는 생각을 항상 품고 있어야 한다. 요즘 아이들이 좋아하는 세계적인 K팝 그룹 BTS의 대표곡 '러브 유어셀프(Love yourself)' 또한 '당신 자신을 사랑하라'는 뜻이다. 문학평론가 신형철은 'BTS 만트라'라는 재미있는 표현을 썼다. '만트라(mantra)'는 산스크리트어로 깨달음을 위한 주문 같은 것이다. 이는 자신의 몸과 마음을 다스리는 것은 물론 타인과 세상의 평화까지 기원하는 의미로 사용된다.

BTS의 리더 RM은 유엔 총회에 초청받아 연설을 하기도 했는데, 연설의 주제 또한 '러브 유어셀프'였다. "당신이 누구이고 어디서 왔고 피부색이 무엇이든 간에 남성이든 여성이든 여러분의 목소리를 내십시오"라고 RM은 연설했다. 7분가량 진행된 연설의 말미에 RM은 "많은 잘못을 했고 두려움도 많지만 저 자신을 꼭 껴안아줄 것"이라고 말했다.

사는 동안 크고 작은 실수 한 번 저지르지 않는 사람이 있을까? 아마 없을 것이다. 어른도 아이도 실수를 하고 그를 통해 더 성장하는 것이 일반적이다. 하지만 때로는 실수에 대한 두려움 속에 자신을 미워하며 우울증에 빠지기까지 하는 사람도 있다. 더 나아가 자기 비난을 넘어 타인을 미워하는 감정까지도 나타난다. 지금 우리가 살고 있는 무한 경쟁 사회에서 심신이 지친 나머지 자기 비난은 물론 타인 혐오를 부추기기도 할 것이다.

사실 유교적 문화에서 자라온 우리에게는 "나 자신을 사랑한다"는 말이 이상하고 부끄럽게 느껴질 수 있다. 왜냐하면 우리의 의식은 부지불식간에 외부로 향해 있기 때문이다. 그래서 내면으로 의식을 돌려 자신의 감정을 알아내는 일이 낯설고 어렵게 느껴진다. 즉, 인간으로서 사랑하려면 그 대상이 뚜렷이 보여야 하는데, 나라는 사람은 주의 깊게 들여다보지 않으면 보이지 않기 때문에 나를 사랑하라는 말 자체가 어색할 수밖에 없다.

따라서 무엇보다 '있는 그대로의 나'를 받아들이는 연습이 필요하다. 우리의 뇌리 속에는 이 사회의 기성세대들로부터 비롯된 '이렇게 살아야 한다'는 기준이 깊이 새겨져 있다. 그 기준이 강할수록 스스로가 못마땅해지거나 심지어 자괴감마저 든다. 끝내는 스스로를 인정하지 않고 '나는 문제가 많은 사람'이라고 느낀다.

특히 자신의 삶에 불만이 많은 경우, 자신도 모르게 자신의 아이에게 화를 내거나 폭력까지 행사하기 쉽다. 그런 일을 당한 아이는 어른이 되어서도 부모가 자기에게 했듯 스스로를 부정하는 악순환을 보여준다. 만약 우리에게 이런 마음이 조금이라도 있다면 지금 당장 자신에게 가하는 채찍질을 멈춰야 한다. 그리고 스스로에게 과거와의 단절을 당당히 요구해 보자.

"사람이니까 당연히 실수하는 거야. 완벽한 삶이 꼭 행복한 삶이라고 할 수는 없지. 지금 내 주위를 둘러싼 기준은 내 의사와 상관없이 이 사회가 일방적으로 정한 거잖아. 나는 세상의 기준보다 지금의 내 삶이 더 소중해."

그리고 자신의 목소리에 조금씩 귀를 기울여야 한다.

자존감이 낮은 사람일수록 자신에게 행복할 권리가 있다는 사실을 까맣게 잊고 사는 경향이 있다. 특히 유아 시절에 가족의 사랑을 충분히 받지 못하면 남의 시선에 신경이 집중돼 정작 자기 자신을 챙기지 못하기도 한다. 그래서 우리가 어렸을 때 많이 불렀던 노래의 "당신은 사랑받기 위해 태어난 사람~"이라는 가사처럼 나를 좀 더 따뜻하게 품는 연습이 필요하다.

다른 사람이 나에게 뭔가를 요구할 때, 가끔은 겸양의 미덕을 버리고 "미안하지만 안 돼" 하고 나를 방어할 수 있어야 한다. 평소 인내심이 많다거나 남을 잘 배려한다는 말을 많이 듣는 사람일수록 자신의 심리 상태나 능력을 무시한 채 남의 요구를 끝없이 들어준다. 그러다가 끝내 감당이 안 돼 우울함과 무기력을 호소하는 경우가 많다.

내가 건강해야 상대도 있는 것이다. 그리고 무조건 다 받아준다고 해서 상대가 고마워하는 것도 아니다. 아니, 어느 순간 받아주는 게 당연하다고 느낄 수도 있다. 휘트니 휴스턴의 노래에도 "사람들이 나에게서 모든 것을 빼앗아가도 내 안의 존귀함만은 빼앗아갈 수 없어요"라는 가사가 나온다. 자신을 먼저 존중할 줄 아는 사람이 배우자와 아이는 물론 다른 사람도 존중할 수 있다는 사실을 잊지 말자.

가장 빛나는 별은 아직 발견되지 않은 별이고, 당신 인생의 최고의 날은 아직 살지 않은 날이다. 스스로에게 길을 묻고 스스로 길을 찾아라. 꿈을 찾는 것도 당신, 그 꿈을 향한 길을 걸어가는 것도 당신의 두 다리, 새로운 날들의 주인도 바로 당신이다.

- 토마스 바샵(Thomas Baschab), 《파블로 이야기》 중에서

코로나블루, 행복한 가정을 위한 하루 한 문장

나를 사랑하지 않는 사람은 다른 사람도 사랑할 수 없다.

03

자존감

- 자존감과 자존심의 차이를 이해한다

우리는 살아가면서 어른 아이 할 것 없이 "자존심이 상했다"는 말을 자주 한다. 한동안 아이들의 자존감이 중요하다는 책이 베스트셀러가 되기도 했다. 그런데 종종 자존감(自尊感)과 자존심(自尊心)을 혼동하는 경우가 있다. 자존감과 자존심은 자신에 대한 긍정이라는 공통분모가 있지만, 사실 자존감은 '있는 그대로의 모습에 대한 긍정'을 뜻하고 자존심은 '경쟁 속에서의 긍정'을 뜻한다. 만약 자존감은 없이 자존심만 있다면 알량한 자존심을 지키기 위해 고집을 부리고 화를 내고 싸우기도 할 것이다. 이는 어른이나 아이나 마찬가지다.

하지만 점차 나이를 먹게 되면 그 얄팍한 자존심을 버릴 때가 오며, 자존심이라는 껍질을 하나하나 벗겨내는 데는 생각보다 시간이 오래 걸리고 많은 고통이 뒤따른다. 사람이 처음 태어났을 때는 자존심이 없다. 그런데 세상을 살다 보면 인생의 반은 자존심을 쌓는 일에 허비하고, 아이러니하게도 인생의 반은 다시 그것을 허무는 데 소중한 시간을 허비한다.

그러고는 결국 "참 힘든 인생이었다"는 마지막 말을 남기고 이 세상을 등진다. 우리가 좀 더 일찍 이런 상황을 염두에 두고 자신 안의 자존심을 조금만 허문다면 지금 이 순간 더 많은 시간, 기회, 기쁨을 얻을 수 있을 것이다. 내 안에 있는 그 자존심 때문에 못 만났던 가족이나 친구들과 다시 만날 수 있고, 못했던 일들을 할 수 있는 기적도 일어난다. 아울러 자존심이 상처를 입을까 봐 사람을 두려워하지 않아도 된다. 사실 불필요한 담장은 처음부터 아예 쌓지 않는 것이 가장 현명하지만, 만약 내 안에 담장이 세워져 있다는 것을 인지했다면 하루빨리 허무는 것이 상책이다.

살다 보면 자존심이 강한 사람을 종종 만난다. 자존심을 넘어 독선(獨善)으로 가득한 사람을 만나면 마음이 아프다. 그런 사람들은 자존심이 조금이라도 상처를 입었다고 생각되면 감정을 통제하지 못해 다시는 안 볼 것처럼 행동한다. 결국 자신의 자존심을 건드린 것은 상대가 아니라 자신이 만들어놓은 기준이라는 것을 깨닫지 못한다.

그렇기 때문에 우리는 "나는 항상 옳다"는 선입관을 버려야 한다. 한 사람의 아집(我執)은 자신은 물론 가정, 더 나아가 조직의 분위기까지 망칠 수 있기 때문이다. 사람은 독선이 강하면 강할수록 자신을 한구석으로 내몰게 되며 결국 혼자 남게 된다.

자존심이 강한 사람은 원인과 결과를 '남'에게 돌리는 반면, 자존감이 높은 사람은 모든 원인과 결과를 스스로에게서 찾는다. 즉, 자존심이 강한 사람은 모든 잘못을 '네 탓'으로 돌리고 감사할 일도 '원망'하기 십상이다. 하지만 자존감이 높은 사람은 모든 잘못을 '내 탓'으로 여기고, 원망할 일이 생겨도 '감사'하는 마음을 가진다. 특히 성공한 사람들은 자존감이 높은 경우가 많다.

이처럼 자존감이 높은 사람들은 사회가 재단한 자신의 평가에 흔들리지 않고 수용할 것은 당당히 받아들인다. 또한 사람들이 아무리 칭찬을 해도 자신이 정한 기준에 미치지 못하면 스스로를 채찍질하며 더 성장해나간다. 결국 가장 중요한 것은 '나 자신'을 마음의 중심에 놓는 일이다. 나 자신을 중심에 놓는다는 것은 다른 사람의 의견을 무시한다는 의미가 아니라 '내가 하는 일'에 오롯이 집중한다는 뜻이다.

결국 우리 모두는 귀한 존재다. 알몸으로 태어나 부모의 희생과 사랑으로 지금까지 자랐다. 우리는 그분들에게 천진난만한 미소로 웃음꽃을 선사한다. 그러니 이 세상 무엇도 대체할 수 없는 '유일한 존재'라는 것을 잊지 말고 우리 스스로를 귀하게 여기자.

지금 우리가 사는 세상에서는 모든 사람이 디지털 디바이스로 연결되어 24시간 내내 비교하고 나도 모르게 비교당하며 살아간다. 정신줄을 잡고 있지 않으면 초라함이 쓰나미처럼 밀려오는 세상이다. 요즘에는 특히 사람들의 외모가 중요해지면서 타고난 자신의 모습에 실망하고 자존감을 잃는 이들이 많다. 어쩌면 가장 기본적으로 자존감을 가져야 하는 부분이 자신의 모습이 아닐까.

우리는 때로 경제적으로 풍족하지 않은 집에 태어난 것이 자기 잘못이 아닌데도 스스로를 비관한다. 신상 옷, 명품 가방 때문에 우리의 소중한 자존감이 떨어지는 것은 정말 슬픈 현실이다. 이것은 지금 당장 바꿀 수 없고 장기적 관점에서 변화를 도모해야 하는 일이기 때문이다.

무엇보다 자존감이든 자존심이든 그 출발점은 "내가 얼마나 귀한 존재인가?" 하는 본질적 물음이다. 이것은 말로 아무리 설명해도 쉽게 이해될 수 없는 영역이다. 결국 '깨달음', '깨우침' 차원의 문제이기 때문이다.

한편, 자존감이 높은 사람은 다른 사람의 자존감도 인정한다. 그러므로 우리는 모든 사람을 귀하게 여기는 것이 '진정한 자존감'이라는 평범한 진리를 되새길 필요가 있다. 나아가 이 진리를 우리 아이들이 언젠가는 깨달을 수 있도록 반드시 일깨우자.

코로나블루, 행복한 가정을 위한 하루 한 문장

하루라도 빨리 허울뿐인 자존심을 버리고 자존감을 높인다.

04

사색

- 검색이 아니라 사색을 한다

카톡~ 카톡~

오늘도 누군가가 나를 카톡 단체방으로 초대한다. 그러면 나도 모르게 본능적으로 고민한다. 이 방에 있어야 할 것인가, 아니면 나갈 것인가? 나가도 되는 방이면 양해를 구하고 나가고, 그 즉시 나가기는 좀 미안한 상황이라면 하루 이틀 지나고 나서 조용히 방을 탈출한다. 그런데 나갈 수 없는 방이라면 이야기가 달라진다. 일단 알람 해제로 처리해두고 되도록 PC 연동은 최소화하려고 한다. 스마트폰에 이어 작업용 컴퓨터에서도 시도 때도 없이 울리는 카톡 소리가 일에 방해가 되기 때문이다.

카카오톡, 트위터, 페이스북, 인스타그램 등 SNS는 이제 우리나라 사람들의 일상에서 떼려야 뗄 수 없는 존재가 된 지 오래다. 조사기관인 나스미디어의 '2019 인터넷 이용자 조사'에 따르면, 조사 대상자 2천 명 중 80.6%가 SNS를 이용한다고 대답했다. 50세 이상에서도 4명 중 3명(75.7%)이 SNS를 이용하는 것으로 나타났다. 그만큼 내가 오늘 가볍게 올린 글의 영향력도 더불어 커지고 있다. 한국식 SNS의 원조로서 '도토리'로 더 유명했던 '미니홈피'부터 블로그, 카페, 밴드에 이르기까지 우리나라 사람들은 유독 경쟁처럼 자기 목소리를 내는 데 열을 올린다. 부모들도 아이 관련 정보를 얻는 채널로 카페를 활용하고 있다.

그런데 최근 들어서는 조금 불편하더라도 아날로그적 감성을 살리는 변화를 시도하는 사람이 많아졌다고 한다. 이들은 스마트폰 대신 종이책과 신문을, 페이스북과 메신저 대신 편지와 음성 전화를 애용한다. 또한 일정 관리는 다이어리로, 필기는 만년필로 한다. 그러고 보니 내 주변에서도 카카오톡을 안 하거나 일부러 스마트폰을 포기하고 이전의 구식 폰으로 회귀하는 '용기 있는 사람'이 종종 보인다. 누가 더 빠른지 속도 경쟁을 하는 디지털 사회에서는 일종의 일탈이다.

조금은 느리지만 사색으로의 여행인데, 아쉽게도 이런 시도 또한 연초에 하는 금연이나 다이어트 다짐처럼 얼마 못 가 흐지부지되는 경우가 많다. 그만큼 생활 속에 깊이 침투한 디지털 문명의 이기를 포기하기가 쉽지 않다는 방증이다.

어쨌든 공감과 사색을 대표하는 아날로그 감성으로의 회귀는 기계에 지나치게 의존해온 현대인들의 반성문처럼 느껴진다.

"당신은 지금 가족이나 친구의 전화번호를 몇 개나 기억하고 있는가?"
"최근에 누군가와 얼굴을 맞대고 신나게 수다를 떨어본 적이 있는가?"

4차 산업혁명 시대의 역설로 인간 고유의 정신적 사색과 감성적 경험이 흐려지는 것은 물론 우리들의 인간다움도 빼앗기고 있다. 요즘은 초등학교 아이들도 유튜브로 검색하는 시대다. 미래학자 니콜라스 카(Nicholas Carr)는 이런 상황을 '생각하지 않는 사람들'로 묘사하면서 "인간이 범람하는 디지털 문서의 무형식과 즉각성에 빠져 표현력과 수사학을 잃고 있다"고 비판했다. 카의 말처럼 진실과 거짓을 구별할 수 있게 했던 '깊이 읽기' 능력의 상실은 인류를 위기로 몰아갈 수 있을 것이다.

마라톤을 하는 사람은 달리면서 자신의 땀을 통해 성취감을 느낀다. 이는 자신의 몸을 기반으로 디지털 시대에 대한 '인간 독립 선포'처럼 느껴지기도 한다. 그런 의미에서 출퇴근길에 스마트폰만 보지 말고 하늘도 보고 의식적으로 주변 풍경도 살펴보자.

때로는 이모티콘이 아니라 몸으로 느끼는 감성을 회복하기 위해 의도적으로 노력해야 하는 시대다. 지금부터라도 구석에 던져놓았던 책을 집어 들자. SNS에 복사해서 돌리는 새해 인사나 명절 인사 대신 정성이 가득 담긴 손 글씨 편지를 써서 부치거나 아니면 진심을 꾹꾹 눌러 담은 문자메시지라도 보내보자. 따뜻한 육성을 담은 전화통화도 요즘은 특별한 느낌으로 다가온다. 사실 나 역시 카카오톡이나 문자메시지를 많이 사용하다 보니 지인들과 전화통화를 하는 횟수가 부쩍 줄었다. 그래서 과거에는 아무렇지도 않았던 상대와의 통화가 어색하고 부담이 된다. 심지어 요즘은 부모와 아이들이 각자의 방에서 카톡으로 대화하는 것이 일상이 되었다.

SNS에 남은 시간과 열정을 올인하기보다는 몸으로 할 수 있는 운동이나 악기를 배워보는 것도 좋다. 지금은 정보와 지식을 24시간 언제나 검색하고 전송받을 수 있는 시대다. 과거에는 양질의 정보를 찾기 위해 시간을 소비했다면 이제 쏟아지는 정보의 홍수 속에서 진짜 정보를 찾는 것이 더 어려운 시대가 되었다. 하지만 수많은 정보에도 불구하고 사색과 지혜는 온라인상에서 받을 수 없다. 페이스북, 트위터, 인스타그램을 넘어 이제 유튜브를 하지 않으면 뒤처진다는 생각이 들 정도다. 1인 콘텐츠 크리에이터 시대, 24시간 스트리밍 시대의 역설이다.

이처럼 '나'를 다른 사람에게 보여주는 채널은 많지만 정작 자신을 알아가는 기회는 줄어들었다. 정답이 정해진 사회에서 우리의 취향도 비슷해지고 있다. SNS에는 전국의 유명한 맛집 사진이 똑같은 각도로 올라온다. 심리학자 칼 구스타프 융(Carl Gustav Jung)은 "자아와 의식은 태어나서 자라고 교육받는 문화적 세계에 의해 형성된다"고 말했다. 그런데 지금 우리 앞에는 초연결 사회라는 이름으로 모든 사람들의 자아마저 같아지는 무서운 세상이 다가와 있는 듯하다.

최근 유튜브나 넷플릭스 등 쉽고 친절하게 보여주는 영상에 익숙해진 사람들이 많다. 남녀노소 상관없이 긴 문장을 보면 흥미를 잃거나 지레 겁을 먹는다. 온라인의 신문 기사도 조금만 길면 못 읽겠다고 할 정도다. 조금만 내용이 길다 싶으면, 아니나 다를까 "누가 요약 좀"이라는 댓글이 달린다. 그래서 포털들은 인공지능을 활용한 요약 서비스로 과잉 친절을 베푼다. 언론사들도 이런 시대 분위기를 반영해 짧고 가독성이 높은 카드뉴스, 머그 영상을 경쟁적으로 뿌린다. '불필요한' 텍스트는 과감히 생략하고 "요즘 이게 이슈인데 결론은 이것"이라고 상냥히 짚어주는 것이다.

이런 정보들은 마치 불량식품 같다. 한 입 물면 그 순간은 달콤하고 자극적이다. 하지만 그 달달한 쾌감은 금세 사라지고 더 자극적인 음식에 눈이 간다. 오늘은 어떤 연예인 커플이 새로 탄생했고, 어떤 방송 사고가 있었으며, 누가 이혼 소송을 시작했는지, 다음 음식은 무엇인지……. 내 생각 없이 들어오는 정보를 앞뒤 가리지 않고 과식하다 보면 어느 순간 속이 불편하다. 그야말로 열량만 높고 영양은 부족해서 건강에 안 좋은 음식인 셈이다.

이런 음식만 먹고 살다 보면 사람들은 자연스레 과격해진다. 그래서 오늘은 이 사람, 내일은 저 사람을 마녀사냥 식으로 온라인 심판대에 매달자고 소리친다. 이런 사회적 분위기와 상업적 특성을 노려 세상은 더 자극적으로 뉴스와 콘텐츠를 만든다.

우리는 이런 정보 범람 시대에 현명하게 대처해야 한다. 정보의 취사선택에 나만의 기준을 명확히 세워야 한다. 특히 부모는 아이의 교육을 위해 나만의 정보 기준을 명확히 할 필요가 있다. 최근 들어 정해놓은 시간에만 인터넷을 하고 특정 사이트나 어플은 아예 이용하지 않는 사람들이 늘어나고 있다고 한다. 지금은 오히려 책을 가까이하고 조용한 사색을 즐기기 위해 정보 다이어트가 무엇보다 필요한 시대다. 아이와 나를 위해서 말이다.

2011년 맨체스터 유나이티드의 간판스타 웨인 루니가 SNS로 팬과 설전을 벌여 축구협회로부터 견책 처분을 받은 적이 있다. 이 사건에 대해 알렉스 퍼거슨 감독은 이렇게 말했다.

"그건(SNS) 정말 시간 낭비다."

퍼거슨 감독은 10년이 지난 오늘날에도 이 말로 인해 영원한 1승을 올리게 될까?

코로나블루, 행복한 가정을 위한 하루 한 문장

쏟아지는 정보도 다이어트가 필요하다.

05

기록

- 적자생존, 기록이 기억을 이긴다

내게는 집이든 회사든 지하철 안이든 어떤 생각이 떠오르면 바로바로 어딘가에 적어두는 습관이 있다. 심지어 샤워를 하다가도 아이디어가 떠오르면 어떻게든 적어놓고 본다. 그러지 않으면 까먹는 경우가 많아서다. 다이어리에 쓸 수 있는 환경이면 다이어리에 쓰고, 이동 중일 때는 스마트폰 에버노트를 이용해 생각을 잡아둔다. 특히 아이에게 유익한 정보를 보면 신문이든 인터넷 내용이든 텔레비전 다큐멘터리든 그 즉시 적어두고, 스마트폰 카메라로 사진을 찍어 기록할 때도 있다.

적자생존(適者生存)은 사전적 의미로는 "환경에 가장 잘 적응하는 생물이나 집단이 끝까지 살아남는다"는 뜻이다. 그런가 하면 발음 그대로 '적어야 산다'는 뜻으로 달리 활용되기도 하는데, 나는 이에 200% 공감한다. 메모는 인간의 기억력 한계를 극복하는 가장 확실한 수단이다. 특히 나이가 들수록 조금 전에 생각했던 내용도 잊어버리기 쉽기 때문에 떠오르는 생각을 바로 메모해놓지 않으면 귀중한 아이디어를 잃게 된다.

역사적으로 큰 업적을 남긴 사람들 가운데는 유독 메모광이 많다고 한다. 에이브러햄 링컨, 토머스 에디슨, 레오나르도 다빈치 등 탁월한 위인들은 일상에서 메모를 활용했다. 링컨 대통령은 늘 자신의 모자에 노트와 연필을 넣어 가지고 다니면서 좋은 생각이 떠오르거나 유익한 정보를 듣는 즉시 메모했다. 발명왕 에디슨도 '이동하는 사무실'이라고 불릴 만큼 장소를 가리지 않고 어디서나 메모를 했는데, 그렇게 평생 메모한 노트가 3,400여 권이나 되었다. 르네상스 최고의 천재로 불리는 다빈치는 30여 년 동안 수천 장의 메모를 남겼다. 그는 인체, 미술, 문학, 과학 등 다방면의 아이디어를 꼼꼼히 정리했는데, 그의 메모를 정리한 《코덱스 아틀란티쿠스(Codex Atlanticus)》를 보면 자동차에서 잠수함까지 천재적인 상상력과 아이디어로 가득 차 있다.

조선시대 실학자이자 개혁가였던 다산 정약용도 메모를 즐겼다. 그는 18년의 유배 생활 동안 총 600여 권의 책을 저술했는데, 이 바탕에는 성실함과 메모 습관이 있었다. 끊임없이 생각을 정리했던 그는 조선시대 최고의 메모광이었다.

이들에게서 보듯 타고난 머리도 중요하지만 기록의 힘을 무시할 수는 없을 것이다. 아이디어를 온전히 내 것으로 만들려면 메모를 생활화하는 노력이 필요하다. 그러니 항상 어딘가에 메모하는 습관을 들이자. 어떤 방식으로든 어디에 적든 중요한 것은 메모하는 습관이다.

아이 교육을 위해 책이나 신문 내용을 따로 정리해두자. 특히 신문 기사는 심층적이고 객관적으로 분석한 내용이 많은 만큼 문학, 금융, 정치 등 관심이 가는 정보를 모아두자. 요즘은 인터넷상에서 오래전의 기사도 조회할 수 있지만, 실시간 스크랩을 해서 완전히 자기 것으로 만들어 나만의 정보 아카이브를 만들어둘 필요가 있다. 특히 나의 미래와 아이 교육을 위해 자료를 축적하고 정리해두는 습관이 꼭 필요하다.

이런 정보가 쌓임에 따라 나도 성장할 수 있다. 기록은 나를 더 나답게 만들고, 더 나아가 내가 나아갈 방향까지 제시해줄 수 있기 때문이다. 순간순간의 일상이든 멋진 추억이나 경험이든 오래 기억하고 싶다면 반드시 나만의 방식으로 기록하는 것이 좋다.

또한 "메모의 근본은 잊어버리는 것"이라는 말도 있다. 일단 메모를 하면 그 일은 1차적으로 마감되니 확실히 잊어버리고 시간을 더욱 생산적으로 활용할 수 있다.

세상은 메모하는 자와 메모하지 않는 자로 나눌 수 있다. '둔필승총(鈍筆勝聰)', 즉 "둔한 필기가 총명한 머리를 이길 수 있다"는 점을 잊지 말자. 메모를 10년 이상 꾸준히 하면 그 사람의 인생 자체가 180도 바뀔 수 있다는 전문가들의 조언도 기억해두자.

우리가 잘 아는 '이매진(Imagine)'이라는 곡은 존 레논(John Lennon)이 비틀즈가 해산된 뒤 만든 명곡이다. 그는 비행기를 타고 이동하던 중 머릿속에 떠오른 생각을 급히 메모지에 적어두었다고 한다. 불멸의 히트곡이 탄생하는 순간이었다.

《메모의 신》의 저자 김영진은 "모두에게 좋은 아이디어가 생각날 수 있지만 그것을 메모하느냐가 성공의 관건"이라고 말했다. 대부분의 생각은 순식간에 날아가는 경우가 많기 때문에 되도록 10분 안에 메모하는 것이 좋다.

절제 · 침묵 · 정돈 · 결단 · 절약 · 근면 · 성실 · 정의 · 중용 · 청결 · 침착 · 순결 · 겸손

이것은 벤자민 프랭클린(Benjamin Franklin)이 만든 13가지 덕목이다. 그는 이 덕목들을 50년 이상 자신의 수첩에 적어두고 실행 여부를 수시로 점검했다고 한다. 그리고 "평생 행복한 인생을 살 수 있었던 것은 이 수첩 덕분이었다"고 회상했다.

어떤 사람들은 메모를 과거의 기록 정도로 치부하지만 그렇게 가볍게 넘길 일이 아니다. 성공한 사람들의 메모장에는 '되고 싶은 모습'이 담겨 있다. 다이어리나 휴대폰 화면에 자신이 지향하는 삶을 적어두면 그것을 볼 때마다 살아가는 의미를 얻을 수 있다. 또한 메모를 통해 자신의 노하우를 다른

사람에게 전달하는 과정에서 정보의 확산도 일어난다. 일상의 메모가 휴먼 네트워크와 접목되면서 새로운 가치로 확장될 수 있는 것이다.

베스트셀러 작가이자 리더십 전문가인 존 맥스웰(John C. Maxwell)은 이런 말을 했다.

> "우리 중 95%는 자기 인생 목표를 글로 기록한 적이 없다. 그러나 글로 기록한 적이 있는 5% 중의 95%는 자기 목표를 성취했다."

그런 의미에서 오늘부터 우리도 나와 아이의 미래를 위해 삶의 중장기 목표를 글로 남기고 수시로 메모하고 점검해보면 어떨까? 그렇게 함으로써 어제보다 좀 더 나은 삶을 살 수 있지 않을까?

코로나블루, 행복한 가정을 위한 하루 한 문장

순간적으로 지나가는 아이디어를 잡기 위해 메모를 생활화한다.

06

독서

- 거인의 어깨 위에서 세상을 바라본다

고백하자면, 최근 들어 예전보다 책을 덜 읽고 있다. 예전에는 한 달에 두 권 이상 꾸준히 읽었는데, 요즘은 책에 손이 잘 가지 않는다. 클릭 한 번으로 상세히 설명해주는 유튜브 앞에서 책장을 일일이 넘기며 집중해서 봐야 하는 책은 불편한 콘텐츠로 치부당하기 십상이다. 하지만 "사람은 책을 만들고 책은 사람을 만든다"고 하지 않던가? 아이를 키우는 부모로서 세상을 살아가는 지혜를 담은 책은 기본적인 교양은 물론 아이의 진로를 생각해서라도 의도적으로 가까이해야 한다.

흔히 글자는 읽을 수 있지만 책을 읽지 않는 사람을 '의사 문맹(aliteracy : 책과 담 쌓은 사람)'이라고 한다. 이 차원에서 해석한다면 우리나라는 매우 특별하다. 문맹률은 세계에서 가장 낮은 0% 수준인데, 성인 독서율은 고작 52% 수준이다(2019년 국민 독서실태 조사). 즉, 성인 2명 중 1명이 의사 문맹인 셈이다.

의사 문맹이 지속되면 당연히 성인의 문해력에도 문제가 생긴다. 짧은 글은 읽고 이해하지만 길거나 복잡한 글은 읽어도 문장의 의미를 파악하기 어렵게 된다. 경제협력개발기구(OECD)의 국제 학업성취도 평가(PISA)에 따르면 한국 청소년의 문해력은 세계 1~2위를 다투는 반면, 노년기 문해력은 최하위권이라고 한다. 평소에 독서나 배움을 소홀히 하는 까닭이다. 일반적으로 문해력이 높은 사람은 매사에 충동적이거나 감정적으로 임하지 않으며, 다른 사람의 생각이나 입장에 대한 수용 능력이 높다.

경청과 공감은 사회공동체의 꽃이다. 지금과 같은 우리나라 성인들의 독서율과 문해력 저하는 우리 사회에 심각한 문제를 야기할 수 있다. 사회 전반의 지력과 창조성이 갈수록 낮아지기 때문이다. 이는 주요 국가들이 독서율을 높이는 데 최선을 다하는 이유이기도 하다.

독일 통계분석업체 스태티스타(Statista)의 2017년 통계에 따르면, 우리나라에서 한 달에 한 번이라도 책을 읽는 사람의 비율은 13%다. 이는 중국 36%, 영국 32%, 미국 30%, 일본 20%와 비교할 때 최저수준이다.

한편, 초연결 사회의 중심에 있는 우리는 자신이 원하는 정보를 편식할 우려도 높다. 사람은 자신이 좋아하는 분야만 반복해서 보려는 경향이 있기 때문이다. 책에는 우리가 경험하지 못한 새로운 지식과 통찰이 담겨 있다. 그렇기 때문에 독서를 통해 새로운 세상을 만나고 삶의 방향을 수정, 보완해나갈 수 있는 것이다. 학교를 졸업하는 동시에 손에서 책을 놓는다면 더 이상 발전할 수 없다.

아이들에게는 책을 읽으라고 하면서 부모는 스마트폰만 들여다보고 있다면 아이들이 납득할 리 없다. 왠지 억울해서 공부할 내용이 눈에 들어오지도 않고, 집중이 안 돼 책상에 앉아 있기도 힘들 것이다.

프랑스 작가 베르나르 베르베르(Bernard Werber)도 "스마트폰의 짧은 영상에 장기간 노출되면 현재에 집중하기 어렵다"고 단언했다. 독서는 일정한 시간과 노력을 필요로 한다. 즉, 특정한 공간과 정숙한 분위기에서 몰입하는 절대적 시간 동안 숨은그림찾기를 하듯 저자의 의도를 파악하려 애써야 하기 때문이다.

또한 독서는 연결된 세상과 거리를 두기에 좋은 방법이다. 무엇이든 지나치게 가까이 있으면 핵심이 보이지 않는다. 나무와 숲을 동시에 보지 못하고 내 앞의 나무만 보게 되는 것이다. 우리는 반복되는 일상에 파묻혀 살고 있다. 이런 상황에서 독서를 통해 의식적으로 세상과 거리를 두면 내가 지금 어디에 있는지, 배우자는 그리고 우리 아이들은 각자 어디를 향해 가는지 돌아볼 수 있게 될 것이다.

유명한 글로벌 IT 기업 창업자는 "어린 시절 고향 마을에 있던 작은 도서관이 나를 만들었다"고 고백했다. 그는 자신의 전공 분야를 넘어 역사나 사상에 대한 스펙트럼이 넓은 독서를 통해 소프트웨어의 필요성과 구조를 치열하게 고민했다고 한다. 만약 그가 단순한 엔지니어였다면 그 또한 실리콘밸리에 넘쳐나는 IT 인재들과 다를 바 없이 평범한 월급쟁이로 살았을 것이다.

미국의 문학평론가 해롤드 블룸(Harold Bloom)은 “독서는 인간이 경험할 수 있는 유일한 세속적 초월”이라고 말한 바 있다. 사실 많은 사람에게 자신의 영역에서 기존의 생각을 뛰어넘는 초월이란 큰 벽처럼 느껴지고 어렵기만 할 것이다. 그저 남들처럼 평범하게 살다가 흔적 없이 사라지는 것이 보통 사람의 삶이다. 하지만 독서를 통해 SF영화처럼 소파에 앉아 과거 여행도 하고 지구 반대편에 있는 현자의 소리를 들을 수도 있다. 나와 다른 시대를 살았던 사람과 대화를 나누고 사랑에 빠지기도 한다. 때로는 눈물을 흘리고, 때로는 환희와 분노를 느낀다. 이와 같이 신기한 경험을 하게 만드는 위대한 행위가 바로 독서다. 일상을 벗어나 나를 만나고 세상을 만날 수 있는 유일무이한 방법인 것이다.

미국의 철학자이자 시인 랄프 왈도 에머슨(Ralph Waldo Emerson)은 “같은 책을 읽는다는 것은 사람들 사이를 이어주는 소중한 끈”이라고 했다. 같은 책을 읽고 같은 주제로 대화하는 순간, 종이에 누워 있던 활자가 현재에 다시 태어나 지식과 통찰이 되는 것이다.

사실 책은 영화, 게임 등의 다른 문화 콘텐츠보다 많은 수고를 필요로 한다는 점에서 불친절한 면이 있다. 그럼에도 우리는 우리의 생각을 지키기 위해 책을 읽어야 한다. 모든 책의 저자에게는 자신만의 질문이 있다. 저자가 어느 영역에 대해 오랫동안 고민한 끝에 답을 찾아 정리해놓은 것, 그게 바로 한 권의 책이다.

> 내 인생을 바꿀 한 권의 책을 만나자. 두 가지에서 영향받지 않는다면 우리 인생은 5년이 지나도 지금과 똑같을 것이다. 그 두 가지란 우리가 만나는 사람과 우리가 읽는 책이다.
>
> - 찰스 존스(Charles Jones, 동기부여 연설가·작가)

"한 시간이 주어지면 책을 읽고, 한 달이 주어지면 친구를 사귀어라"는 말이 있다. 의학박사이자 베스트셀러 작가인 디팩 초프라(Deepak Chopra)는 책이 "멈추고 돌아볼 기회를 주어 사람을 변화시킨다"고 말했다. 아이에게 부모로서 어떤 질문을 하고 또 어떻게 설명해야 할지 막막함을 느낄 때, 독서가 부모들을 조금씩 성장시켜줄 것이다.

> **코로나블루, 행복한 가정을 위한 하루 한 문장**
>
> 우리는 우리가 읽는 대로 만들어진다.

07

스마트폰

- 스마트폰을 멀리하고 내 앞에 있는 아이에게 집중한다

우리 사회는 남녀노소 상관없이 스마트폰 없는 일상을 상상할 수 없게 된 지 오래다. 부모와 자녀 사이도 마찬가지다. 밥상머리에서의 평범한 대화도 사치인 시대가 되어버렸다. 가족이라는 이름으로 한 지붕 아래 살고 있지만 마음이 담긴 대화를 주고받는 게 언제인지 기억나지 않는다. 카카오톡으로 기본적인 대화만 나누는 무미건조한 모습이 우리의 일상이 되어버린 것이다.

부부도 진솔한 대화보다는 24시간 내내 세상과 연결해주는 스마트폰과 사랑에 빠져 있다. 부모는 부모대로 아이는 아이대로 스마트폰이라는 괴물에 일상의 행복을 반납해버렸다. 도대체 어디서부터 잘못된 것일까?

2018년 과학기술정보통신부와 정보화진흥원이 발표한 스마트폰 과의존 실태조사 결과, 만 3세 이상 국민의 90%가 스마트폰을 소유한 것으로 나타났다. 놀라운 점은 3~9세 유아와

아동 가운데 21.7%가 스마트폰 과의존 위험군으로 나타났다는 사실이다. 누구나 할 것 없이 스마트폰을 유용하게 사용하는 데서 더 나아가 삶 자체의 절대적 시간을 스마트폰과 함께하고 있다는 것은 분명 경계해야 할 일이다. 우리나라의 스마트폰 가입자 수가 2018년 8월에 이미 우리나라 인구보다 많은 5천만 명을 넘어선 현실을 냉철하게 직시할 필요가 있다.

시장조사 전문기업인 엠브레인(EMBRAIN)이 만 19~59세, 1,000명을 대상으로 조사한 결과 "디지털기기에 대한 의존도가 심각한가?"라는 질문에 83%가 그렇다고 답했다. 연령대별로는 20대 84%, 30대 82%, 40대 82%, 50대 81%로 고르게 상황을 인식하고 있는 것으로 나타났다.

우리는 스마트폰 알람 소리에 깨어 날씨를 확인하고 내비게이션을 보며 출근한다. 또 친구, 직장 동료와도 스마트폰으로 연락하고 수시로 SNS를 통해 세상과 소통한다. 이렇게 하루 24시간을 스마트폰과 살아가는 신인류(新人類)를 학자들은 '호모 모빌리언스(Homo mobilians)'로 명명했다.

한편, SNS로 텍스트를 주고받는 현상은 새로운 심리 문제도 야기한다. 인터넷으로 초연결된 상태지만 사람들은 인간관계를 더 힘들어하고 더 자주 고독감을 느낀다. 틈만 나면 스마트폰을 통해 다른 사람들과 접속하지만, 외롭고 불행하다고 호소하는 사람은 오히려 많아지고 있다. 왜 이런 현상이 일어나는 것일까?

미국 MIT의 심리학 교수 셰리 터클(Sherry Turkle)은 이를 "함께 있지만 따로 있는(alone together)" 상태라고 표현했다. 즉, 같은 공간에 있지만 심리적으로는 서로 다른 공간에 있다는 것이다. 아이들은 아이대로 몸으로 부딪치며 노는 게 아니라 스마트폰 속의 다른 세상에서 게임에 몰입하고, 어른들은 어른대로 사람과의 대화에서 조금이라도 지루하면 스마트폰으로 다른 세계와 접속한다.

셰리 터클 교수는 이런 접속은 진정한 의미의 소통이 아니라고 말한다. 텍스트를 통한 접속은 자신이 불편하다고 생각하면 언제든지 쉽게 빠져나올 수 있어 그것이 쉽지 않은 대면 만남과는 차원이 다르다는 해석이다. 우리가 평소 대화 도중 상처 주는 말을 했다면 상대의 아픔을 생생하게 느낄 수 있다. 하지만 스마트폰 텍스트를 통한 소통에서는 그런 아픔이 드러나지 않는다. 그래서 자신이 상대를 공격했다는 것을 전혀 인식하지 못할 수도 있다.

최근 우리 사회에는 코로나19로 인해 어쩔 수 없이 재택근무를 도입한 회사가 많아졌다. 과거 실리콘밸리에서도 재택근무 열풍이 불었던 적이 있다. 하지만 최근 야후와 IBM 등은 직원들을 다시 일터로 불러내고 있다. 정보기술을 활용한 근무가 오히려 사람들의 생산성과 창의력을 떨어뜨린다고 판단했기 때문이다. 진정한 협업은 사람과 사람 사이의 대화로만 가능하다는 사실을 깨달은 것이다.

구글 회장을 역임한 에릭 슈미트(Eric Schmidt)는 2012년 보스턴대 졸업식에서 '오프라인'의 중요성을 이렇게 강조했다.

> "컴퓨터와 스마트폰은 대단한 일을 하지만 한 가지, 마음(heart)이 없습니다. 적어도 하루에 한 시간은 컴퓨터와 스마트폰을 끄세요. 화면 대신 당신이 사랑하는 사람의 눈을 보고 이야기를 나누세요. '좋아요' 버튼만 누르지 말고 그 사람에게 좋아한다고 말하세요."

그렇다면 가정과 사회에서 대화를 회복하기 위해 우리는 무엇을 해야 할까? 아이들에게 스마트폰을 치우라고 말하는 것만으로는 부족하다. 일단 스스로 본보기가 되어 자신의 스마트폰부터 통제해야 한다. 애플 창업자인 스티브 잡스도 가족과의 식사 중에는 아이패드와 아이폰을 금지시키고 책과 역사에 대해 토론했다고 한다.

언제부턴가 스마트폰이 분신처럼 우리를 따라다니고 있다. 물론 편리한 점도 있지만 반대로 우리는 자신만의 고요한 시간을 잃어버렸다. 내가 스마트폰을 소유하고 있는가, 아니면 스마트폰이 나를 소유하고 있는가? 이런 의문은 대한민국 사람이라면 누구나 느끼고 있을 것이다.

e메일로 73번, SNS로 120번 대화를 해야 실제로 한 번 만나는 것과 같은 친밀도가 생긴다고 한다. 결국 우리가 느끼는

고독에서 벗어날 수 있는 방법은 스마트폰 밖으로 나와 사람들을 직접 마주하고 생기를 느끼며 소통하는 것이다. 텍스트로 소통했던 이들에게 전화를 걸어 육성으로 대화해보자. 언제 한번 보자고 말만 하지 말고 진짜 약속을 잡자.

또한 스마트폰 없이 조용히 사색하는 습관을 들이자. 때로는 온 가족이 거실에 모여 각자의 스마트폰을 완전히 끄고 책을 보거나 명상도 해보자. 그러면 우리도 아이의 마음도 지금보다 훨씬 건강해질 것이다.

코로나블루, 행복한 가정을 위한 하루 한 문장

대화를 하거나 식사를 할 때는 의식적으로 스마트폰을 보지 않는다.

08

혐오

- 혐오 사회를 혐오한다

맘충, 한남충, 틀딱충, 급식충…….

대한민국 사회가 온통 벌레로 가득한 것 같은 안타까운 현실이다. 언제부터 우리나라가 세대별 갈등, 성별 갈등을 이렇게 지독히 겪게 되었는가? 인터넷 기사의 댓글을 보면 온갖 악플이 난무하고 해당 사이트에서 강제로 삭제된 글도 흔하다. 이런 사회 분위기 속에서 우리 부모들은 어른답게 혐오 사회에 대한 경종을 울리고 자라나는 우리 아이들이 더 밝은 환경에서 자랄 수 있도록 노력해야 한다.

사고로 어린 딸을 잃은 부모가 아이의 장기를 기증했다는 감동적인 기사에 "몸을 공짜로 파는 X이구나"라는 패륜적인 악성 댓글을 단 악플러가 있었다. 그는 어느 방송사와의 인터뷰에서 "보는 사람이 기분 나쁘라고 다는 것"이라고 뻔뻔하게 말하고는 "그래야 '미쳤냐', '제정신이냐'는 자극적인 댓글이 달린다"고 덧붙였다. 사람들의 악성 댓글을 받아내기 위해 더

잔인한 댓글에 목을 매게 된다는 것이었다.

그에게는 애초에 죄의식이라는 게 없었다. 그는 그런 악성 댓글의 쾌감이 고발당할 위험을 뛰어넘는다고 말하고는, "그렇기 때문에 멈출 생각이 없다"고 했다. 그러고는 "그 사람이 다쳐도 나한테는 별문제 없으니까요" 하고 말했다.

이처럼 악성 댓글은 사이버 공간에서 익명성의 방패 뒤에 숨어 휘두르는 칼과 같다. 이는 악플의 당사자뿐만 아니라 그 댓글을 보는 사람의 영혼까지 갉아먹는다. 이 칼날은 연예인이나 운동선수 같은 유명인들을 1차 희생양으로 삼는다. 악플로 인해 심각한 상황이 반복되면 사람들은 생각지 말아야 할 극단적인 선택을 할 만큼 궁지에 몰린다.

같은 맥락에서 SNS가 언어폭력과 흉기의 온상이 된 지 이미 오래다. 그로 인한 자살은 그의 가족은 물론 우리 모두에게 심각한 정신적 충격을 안겨준다. "인간은 사회적 동물"이라는 아리스토텔레스의 말을 굳이 되새기지 않더라도 함께 살아가는 공동체 의식과 상대방을 존중하는 마음은 우리 사회를 건강하게 한다.

특히 생명의 존엄성에 대한 각계의 교육이 절실하다. 승자만 살아남는 현재의 경쟁 구도 속에서 자신도 모르게 정신적 사망에 빠지는 사람들이 많기 때문이다. 몸과 마음이 아픈 이들이 사회적 관계를 회복해서 다시 사람들을 만날 수 있도록 사회 전체가 지혜를 모아야 할 때다.

흑백논리로 내 편과 적을 나누고 자기 의견에 동의하지 않는 사람들을 무조건 공격하는 자세는 하루빨리 버려야 한다. 이런 문화가 강화되면 "저 사람들만 없으면 이 문제가 해결될 거야. 차라리 저 사람들을 없애자"라는 집단 폭력으로 변질되기 때문이다. 심리학자들은 이런 경멸감의 경우 중독성이 높다는 점을 지적한다. 마치 담배나 술, 도박, 게임처럼 현실의 문제를 잠시 잊게 하는 도피처라는 것이다.

그렇다면 어떻게 해야 할까? 《너의 원수를 사랑하라》의 저자 아서 브룩스(Arthur Brooks)는 우선 반대 의견을 내더라도 그 안건에 대한 반대일 뿐 그 사람을 경멸해서는 안 된다고 말한다. 그리고 자신과 생각이 같은 사람들만 만나지 말고 다른 의견을 가진 사람을 의도적으로 만나려는 노력을 해야 한다고 말한다. 특히 혐오를 부추기는 사람들에게 동조하지 말고 존중과 관용의 태도를 유지하기 위해 자신만의 기준을 세우고 객관적으로 보려고 노력해야 한다고 말한다.

대중문화평론가 정덕현은 "우리 사회의 악성 댓글은 사실 임계점을 넘은 지 오래이고 최근 더 독해졌다"고 말하면서도 "표현의 자유가 걸린 문제인 만큼 규제보다는 자정 분위기로 가야 한다"고 했다.

사랑만 하고 살기에도 모자란 게 우리네 인생이다. 우리에게는 증오할 시간이 없다. 더욱이 증오는 나머지 시간마저 갉

아먹는 해충이다. 석가가 이를 훨씬 더 멋있게 표현했다.

> 증오란 누군가에게 던질 요량으로 달궈진 석탄 덩이를 집어 드는 것과 같아 막상 화상을 입는 것은 자기 자신이다.

아이들은 부모의 모습을 보고 배운다. 부모가 하는 대로 따라 해서 부모의 분신이 된다. 그러니 우리 어른들부터 다른 사람을 일방적으로 비방하는 마음을 걷어내고 객관적으로 상황을 보는 눈을 가져야 한다. 그러면 우리 아이들도 다른 사람을 배려하는 큰 사람으로 자랄 수 있을 것이다.

코로나블루, 행복한 가정을 위한 하루 한 문장

세상이나 사람을 혐오하는 사람을 의도적으로 멀리한다.

09
다이어리

- 시간 관리를 통해 일과 가정 모두를 잡는다

직장 생활을 시작하며 다이어리를 쓴 지 20여 년이 되었다. 다이어리는 나에게 급여를 지급하지 않는 로드매니저이자 비서다. 하루에도 수없이 다이어리를 보며 하루, 주간, 월간, 연간 일정을 점검한다. 거기에는 집안 대소사는 물론 아내와 아이의 중요 일정도 함께 담겨 있다. 나는 다이어리와 동고동락하며 내 인생과 시간을 체계적으로 관리할 수 있었다. 어찌 보면 20년째 직장 생활을 하고 있는 것도 다이어리 덕분이라고 생각한다.

목표 성취와 효율적 시간 관리를 위해 다이어리를 활용하는 인구가 계속 늘고 있다고 한다. 실제로 목표 관리가 성공 확률과 비례한다는 연구 결과도 있다. 미국 블라토닉연구소에서 예일대 졸업생 200명을 대상으로 목표 관리 조사를 한 적이 있다. 이 학생들 가운데 84%는 목표가 없었고, 13%는 목표는 있으나 기록하지 않았고, 3%의 학생만이 자신의 목표를 글로 쓰며 관리했다. 그 뒤 20년이 지나 졸업한 사람들의 자산을 조사했더니 재미있는 결과가 나왔다. 목표는 있으나 기록하지 않은 학생의 자산은 목표가 없었던 학생의 2배였고, 특히 목표를 글로 관리했던 학생의 자산은 목표만 있었던 학생의 10배를 넘었다.

"시간 관리에 성공한 사람은 인생에서 성공할 수 있다"는 말이 있고, "시간 관리에 성공하지 못한다면 절대 성공하지 못한다"는 말도 있다. 시간은 목표와 계획에 따라 관리된다. 머릿속에만 머물러 있는 목표나 계획은 무의미하다. 반드시 종이에 적어두고 매일 꾸준히 점검해야 한다. 그래야만 진짜 목표가 되고 계획이 된다. 따라서 다이어리에 자신의 꿈과 목표를 적어두고 수시로 들여다보고 점검하는 습관이 중요하다.

"제 성공 비결은 간단합니다. 매일 아침 일찍 일어나서 그날 해야 하는 가장 중요한 일 일곱 개를 적고 처음 세 가지 일을 합니다. 그게 전부입니다."

《미라클 모닝 밀리어네어(부자들만 아는 6가지 기적의 아침 습관)》의 공동 저자 데이비드 오스본(David Osborne)은 이 단순한 법칙을 자신의 일상에 적용했다. 이 법칙에 따라 일의 우선순위를 정하고, '계속해야 할 일'과 '포기해야 할 일'을 구분

했던 것이다.

우리는 다이어리를 사용해 남들과는 달리 하루를 48시간처럼 늘릴 수 있다. 다이어리는 물론 중요한 일정이나 약속을 잊지 않게 해준다. 그런데 이렇게 단순한 장점만 있는 게 아니라 바쁜 스케줄 속에서도 빈 시간을 찾아주는 순기능도 있다. 시간 관리 능력은 모든 일을 효율적으로 하는 능력과 일치하기 때문이다. 자본이 없는 사람들에게는 시간이 무기다. 효과적인 일정 관리를 통해 자신과 조직의 지속적인 발전을 유도해나갈 수 있다.

《성공하는 사람들의 다이어리 활용법》을 쓴 일본의 경제 전문가 니시무라 아키라는 "다이어리를 사는 것은 새해를 사는 것 그리고 인생을 사는 것"이라고 말했다. 다이어리를 통해 언제, 어디서, 어떻게 씨를 뿌리고 추수해야 할지 한 해의 농사를 설계할 수 있다는 것이다.

특히 다이어리를 쓰다 보면 오늘 계획한 일의 진도를 파악할 수 있다. 오늘 어떤 점이 부족했고, 내 삶이 어디로 흘러가는지 궤적을 확인할 수 있다. 그런 의미에서 다이어리를 사용하면 단순히 업무 효율이 높아질 뿐 아니라 내 삶의 희로애락의 추억을 더 명확히 인지할 수 있다. 행복한 순간을 더 체계적으로 더 오래 기억할 수 있는 것이다.

또한 스스로를 관찰하다 보면 내가 어떤 것을 좋아하고, 지금 어떤 순간을 살고 있는지가 자연스럽게 드러난다. 이렇게

나의 삶을 객관적으로 바라보는 순간 소중한 일에 집중하게 되어 진정한 변화가 시작된다

유명한 PB(private banker)가 언론과의 인터뷰에서 부자들의 공통점을 이야기한 적이 있다.

"그분들은 아무리 바빠도 예금이나 적금의 만기일을 정확히 지키셨어요. 자세히 보니 대부분 자신의 다이어리에 만기일을 표시해두셨더군요. 보통 사람들은 바쁜 일상으로 만기일이 지나고 나서 은행에 오는 경우가 많은데, 그분들은 그게 달랐어요."

그가 경험한 부자들의 다이어리 속에는 세 가지 비밀이 있었다고 한다.

첫째, 짧은 글이라도 매일 다이어리에 꾸준히 기록하고 반드시 실행한다.

둘째, 자신의 꿈과 돈을 버는 목적을 잘 보이게 적어둔다.

셋째, 목적을 이루기 위해 구체적인 일정은 물론 이를 실행하는 구체적인 방법까지 깨알처럼 기록한다.

그는 가능하면 손으로 직접 쓸 것을 권했다.

"사람은 자신의 손을 사용할 때 아이디어가 많이 떠오른다고 합니다. 볼품없는 아이디어도 다이어리에 정리하다 보면 멋진 계획으로 발전할 때가 많습니다. 어느 정도 시간이 지나 숙성

이 이루어지면 새로운 아이디어로 확장되는 경험을 하게 됩니다. 결국 생각은 '하는 것'이 아니라 '나는 것'입니다. 생각이 나도록 구체적으로 자신만의 노하우가 있어야 합니다. 그 방법 중 가장 효과적인 것이 다이어리를 사용하는 습관을 통해 자신의 삶을 바꾸는 것입니다. 이것은 다이어리를 규칙적으로 쓰는 사람만 알 수 있어요. 왜냐하면 다이어리를 통해 자신을 정기적으로 돌아볼 수 있기 때문입니다. 머릿속의 기억에 의지하다 보면 순간순간의 감정만 남아 있습니다. 무조건 글로 적어보고 눈으로 보며 사유하는 것은 그것을 객관적으로 바라볼 수 있기 때문입니다."

이 PB도 부자들처럼 다이어리에 자신의 일을 다 적어보았고, 이를 통해 실제로 일하는 시간은 적은데 습관적으로 야근을 했다는 것을 알았다고 한다. "나중에 해야지", "내일 해야지" 하고 미룬 시간들이 많았던 것이다. 그래서 그는 일하는 시간에 최대한 집중해서 일하고, 그 밖의 시간은 가족과 함께 하려고 노력했다고 한다. 효과적인 관리로 얻은 시간을 소중한 사람들과 감정을 나누는 데 사용한 것이다. 그때 떠오른 생각이 '경제적으로 성공하지 않아도 행복할 수 있다'는 것이었고, 그래서 더 열심히 다이어리를 쓰며 자신의 시간을 관리했다고 한다.

"또렷한 기억력보다 흐릿한 잉크가 오래간다"는 말이 있다. 오늘부터라도 머릿속에 있는 생각의 조각들을 다이어리에 기록하고 수시로 들여다보는 과정을 통해 아이와 함께하는 시간을 늘려보는 건 어떨까? 그리고 미래의 어느 날 우리 아이들에게도 다이어리를 쓰는 쏠쏠한 재미를 알려주자.

코로나블루, 행복한 가정을 위한 하루 한 문장

다이어리를 통해 시간의 조각을 모아 덩어리 시간을 만든다.

2장
가족을 만나다

가정이 행복하다면 이미 성공한 인생이다

10

결혼

- 결혼은 두 남녀가 죽어서 부부로 다시 태어나는 것이다

위대한 인연

사람이 온다는 건
사실은 어마어마한 일이다.
그는
그의 과거와 현재와
그리고 미래와 함께 오기 때문이다.
한 사람의 일생이 오기 때문이다.
- 정현종, <방문객> 중에서

결혼한 지 20여 년이 다 되어간다. 신혼 초에는 아내와 파이팅 넘치게 많이 싸웠다. 돌이켜 보면 결혼 전에 가지고 있었던 환상과 결혼 후 마주한 현실의 괴리감 때문이었던 것 같다. 어찌 보면 결혼 생활을 통해 나와 다른 배경에서 살아온

사람을 만나 서로 맞춰가며 값비싼 인생 수업을 해온 셈이다.

우리 아이는 아빠 엄마가 조금이라도 말다툼을 하면 어떻게 알아차렸는지 자기 방에서 나와 빤히 우리를 본다. 그러면 우리 부부는 다투다가도 멈칫할 수밖에 없다. 부모가 싸우는 것을 본 아이는 정서적으로 불안해한다는 것을 책이나 방송을 통해 익히 알고 있기 때문이다. 물론 세월이 흘러 서로에게 무뎌진 것인지, 잘 맞춰주게 된 것인지 우리 부부의 싸움 횟수나 강도도 많이 줄어들었다.

"세상에서 가장 위대한 인연은 결혼"이라는 말이 있다. 결혼과 관련된 속담을 찾아보면 대개는 부정적인 내용이다. "결혼은 해도 후회하고 안 해도 후회한다"고 소크라테스는 말했다. "결혼의 성공은 적당한 짝을 찾는 게 아니라 적당한 짝이 되는 데 있다", "결혼은 변할 수밖에 없는 사랑에 대한 애프터서비스다"라는 말처럼 결혼 생활을 잘 유지하려면 상호 신뢰와 배려가 중요하다. 특히 결혼은 살아온 배경과 환경이 전혀 다른 두 사람이 만나 결혼 전의 자신을 버리고 부부로 다시 태어나는 과정이다. 과거의 자신을 철저히 죽여야만 반려자의 입장을 이해할 수 있다.

결혼이라는 큰 이벤트를 통해 사람의 일생은 크게 세 시기로 분류된다.

첫째, 결혼하기 전까지 홀로 한 인생을 사는 시기다.

둘째, 결혼 후 배우자와 함께 한 인생을 사는 시기다.

셋째, 배우자 중 한 사람이 세상을 먼저 떠난 뒤 남은 사람이 먼저 간 사람의 몫까지 홀로 두 인생을 사는 시기다.

결혼한 부부라면 최선을 다해 둘이서 한 인생을 멋지게 살아야 할 당위성이 여기에 있다. 그러나 각자의 삶을 살던 두 사람이 결혼식을 올렸다고 해서 곧바로 한 인생을 살게 되지는 않는다. 우리는 결혼하고 난 뒤에야 상대를 제대로 알기 시작한다. 많은 사람이 상대를 다 알고 있다고 속단하지만, 결국 부부가 되어서도 배우자가 어떤 사람인지 알지 못하는 불행을 겪는다. 살다 보면 자신의 피붙이인 가족들도 이해하지 못할 때가 많은데, 하물며 몇 달 또는 몇 년 사귄 남녀가 서로를 다 알고 결혼한다는 것은 애초에 불가능한 일이다.

그렇기 때문에 우리는 결혼 후 상대를 다 안다는 교만을 내려놓아야 한다. 자신이 아는 것은 그 사람의 본연의 모습이 아니라 자신의 희망과 생각이 빚어낸 허상일 뿐이다. 그 허상을 깨지 않는 한 평생 상대의 본모습을 부정하며 둘이서 한 인생이 아니라 두 인생을 살게 된다.

그런 측면에서 결혼은 서로 죽는 것을 의미한다. 총각으로 살던 남자가 죽어 아내의 남편으로 다시 태어나야 하고, 처녀로 살던 여자가 죽어 한 신랑의 아내로 거듭나야 한다. 완전히 죽는 것은 물론 하루라도 빨리 죽어야만 둘이서 한 인생을 사는 진짜 부부로 살아갈 수 있다. 하지만 많은 사람이 결혼 뒤에도 처녀, 총각의 마음을 고수하는 까닭에 둘이 함께하는 진짜 인생을 살지 못한다. 일단 결혼을 했으면 결혼 전의 생각, 태도, 습관을 철저히 버려야만 한다.

《탈무드》를 보면 부부가 진정으로 사랑하면 칼날 폭만큼의 침대에서도 함께 잘 수 있지만, 서로 반목하기 시작하면 10m의 넓은 침대도 너무 좁다는 이야기가 나온다. 반목은 아주 사소한 갈등에서부터 시작된다. 상대방의 입장을 이해하고 어려움이 닥쳐와도 함께 헤쳐나갈 의지를 갖지 않으면 가정을 유지하기 어렵다.

체코의 시인, 소설가인 밀란 쿤데라(Milan Kundera)는 《참을 수 없는 존재의 가벼움》에서 "같이 잠을 잘 때 그 사람의 코 고는 소리, 이 가는 소리마저 사랑스럽게 바라볼 수 있는 것이 부부"라고 표현했다. 진정한 부부란 다른 사람에게 보여주고 싶지 않은 모습까지도 사랑스럽게 볼 수 있는 사이를 의미하기 때문이다.

오늘부터라도 화목한 가정을 위해 그리고 예쁘게 자라는 우리 아이들을 위해 과거의 나를 버리고 아빠, 엄마로서 배우자를 있는 그대로 바라보는 연습을 해보는 건 어떨까?

코로나블루, 행복한 가정을 위한 하루 한 문장

결혼은 나를 버리고 상대를 얻는 과정이다.

11

부부

- 부모가 먼저 행복해야 아이도 행복해진다

최근 회사에서 복지 프로그램의 일환으로 가족 상담을 받게 해주었다. 보통 상담은 문제가 있는 가정이 하는 게 아닌가 하는 선입관이 있었지만, 우리 가족 모두는 성격유형 검사를 통해 각자를 좀 더 알게 되는 소중한 경험을 했다.

상담 과정에서 나온 이야기 중에는 "자녀가 좀 컸으니 부부가 한 달에 한두 번은 둘만의 시간을 가져보라"는 내용이 있었다. 상담 선생님은 가정의 중심은 아이가 아니라 부부여야 한다는 일관된 지론을 가진 분으로, 아이에 대한 관심과 애정은 좋지만 무조건적인 희생은 바람직하지 않다고 조언했다. 아이가 아빠, 엄마처럼 살고 싶다는 생각이 들도록 부모 자신의 인생을 멋지게 살아야 한다고 강조했다.

그러고 보니 우리 부부의 삶은 아이의 탄생 전후로 완전히 바뀌었다. 아이를 낳은 부모라면 누구나 비슷한 경험을 했을 것이다. 아이가 태어나고 2년까지는 외출 한 번 제대로 못했고, 어린이집과 유치원에 다닐 때는 모든 일정의 우선순위가 아이였다. 또 초등학교에 갈 때는 마치 아내가 입학한 것처럼 엄청난 정신적 스트레스에 시달려야 했다. 엄마가 직장 맘이라고 아이가 혹시 소외될까 봐 횡단보도 지킴이, 녹색어머니회를 출근 전에 참석하던 시절도 있었다. 체격이 작아서 교우관계가 힘들지는 않은지, 학원은 어느 시점에 어디를 보내야 하는지 끊임없는 고민의 연속이다. 평소 다툼이 없던 우리 부부도 교육관만은 이견이 있어 종종 목소리를 높이곤 한다.

우리는 하루하루 숨 가쁘게 살면서 생계를 위해 자신의 많은 것을 희생해왔다. 내 주변에도 회사에서 자리가 잡히거나 은퇴를 하면 자신만의 삶을 살겠다고 말하는 사람이 많다. 지금은 바빠서 가족과 많은 시간을 보내지 못하지만 나중에는 잘해야지, 은퇴하면 함께 여행을 다녀야지, 아이가 크면 같이 낚시라도 가야지……. 하지만 아이들은 우리를 기다려주지 않는다. 훗날 여행을 제안할 때쯤엔 아이들이 이미 다 커서 친구들과 시간을 보내느라 바쁠 것이다.

지금은 바쁘다는 핑계로 쇼핑을 함께 가지 못하지만 나중에는 같이 다니겠다고 하는데, 사실 부부만 남게 되는 노후엔 쇼핑할 물건도 별로 없을 것이다. 지금은 각자의 일상에 지쳐 대화도 별로 없이 지내지만 나중에는 이런저런 이야기를 나누며 살아야지 하는데, 정작 먼 훗날엔 공통 주제가 별로 없어 대화 시도 자체가 어색하게 느껴질 수도 있다.

이렇게 유예하고 남은 노후에는 외로움이 찾아온다. 노부부가 몸은 한집에서 살지만 마음은 따로 사는 상황이 앞으로 펼쳐질 그림일지도 모른다. 언젠가는 행복할 수 있을까? 그런 일은 확률적으로 일어날 수 없다. 확실한 것은 현재처럼 살게 되리라는 사실이다.

그렇다면 우리는 오늘을 다시 사는 수밖에 없다. 아주 쉬운 일부터 변화시켜나가야 한다. 일단 가족이 함께 밥을 먹는 시간을 늘리자. 일주일에 하루 정도는 온 가족이 모여 함께 밥을 먹자. 무엇을 먹을지 의견을 모으는 과정부터 소소한 행복의 시작이다.

한 사람이 다른 누군가를 만난다는 것은 그의 일생을 만나는 것이다. 이 세상에 귀하지 않은 인생은 없다. 특히 지금 내 옆에 있는 배우자는 더욱 귀하다. 불교에서는 부부의 인연을 7천 겁의 인연이라고 한다. 여기서 1겁은 시간을 나타내는 단위다. 이는 천 년에 한 방울 떨어지는 물방울로 바위에 구멍을 내는 데 걸리는 시간을 뜻한다. 또는 백 년에 한 번씩 내려온 선녀의 치맛자락에 바위가 닿아 사라지는 시간이다. 그러니 부부는 단순한 우연으로 만나는 게 아니다. 7천 겁의 인연이라는 기적을 만나 부부의 연을 맺고 그 결과로 우리 아이들을 만난 것이다.

프랑스 작가 알랭 드 보통(Alain de Botton)은 "결혼 생활은 아무리 애를 써도 네 귀퉁이가 반듯하게 펴지지 않는 침대 시트와 같다"고 했다. 한쪽을 펴면 반드시 반대쪽이 흐트러지게 마련이니 결혼 생활에서 완벽을 추구하는 것은 욕심일 뿐이라는 의미다.

미국 캘리포니아대학의 소냐 류보머스키 교수는《행복의 신화》에서 5분의 기적을 강조했다. 아침에 일어나 오늘 어떤 말과 행동으로 배우자를 5분 동안 기쁘게 해줄 수 있을지 고민하고 그것을 행동으로 실천하면 결혼의 행복감을 계속 유지할 수 있다는 것이다. 따뜻한 말 한마디, 그윽한 미소, 부드러운 눈길, 귀 기울여 경청하기, 등 두드려주기, 어깨 감싸주기, 손잡기 등 사소한 말과 행동으로도 충분하다.

류보머스키 교수에 따르면 행복한 결혼 생활을 유지하는 부부는 보통 부정적 언행을 한 번 할 때 평균 다섯 번의 긍정적 언행으로 부정적인 감정을 상쇄한다고 한다. 이렇듯 행복의 비밀은 멀리 있지 않고 우리의 일상에서 충분히 만들어나갈 수 있다.

어렸을 때부터 우리는 "공주와 왕자는 결혼해서 행복하게 살았답니다"로 끝나는 동화에 익숙해져왔다. 그래서 많은 사람이 결혼을 핑크빛으로 생각한다. 고생 끝, 행복 시작이라고 말이다. 하지만 신데렐라가, 백설공주가, 잠자는 숲속의 공주가 왕자와 결혼한 뒤 평생 행복하기만 했을까?

특히 결혼 생활이란 부부뿐만 아니라 아이에게 좋은 환경을 만들어주는 든든한 둥지여야 한다. 아이에게 아무리 좋은 것을 준다고 한들 화목한 부모보다 중요하지는 않다. 부모 사이가 좋으면 아이의 마음이 편해져서 세상에 나가 무엇이든 할 수 있는 힘을 얻게 마련이다.

따라서 우리 아이가 배려심 있는 사람으로 자라기를 원한다면 아내가 남편을, 남편이 아내를 배려하면 된다. 아이는 부모에게 가장 큰 영향을 받고 마치 유전자처럼 부모의 마음이 그대로 계승되기 때문이다. 그러니 아이에게 문제가 생기면 아이를 탓하지 말고 우리 스스로를 돌아봐야 한다.

코로나블루, 행복한 가정을 위한 하루 한 문장

누구 엄마, 누구 아빠 이전에 아내와 남편이라는 사실을 잊지 않는다.

12

중독

- 시간 순삭, 유튜브 중독을 경계한다

요즘 초등학생들은 궁금한 게 있으면 유튜브로 검색한다고 한다. 이제는 네이버로 검색하면 구세대(?)라는 말도 있다. 글을 읽는 것이 그렇게 귀찮을까 싶기도 하지만, 글이 동영상보다 여러모로 불편한 것은 인정할 수밖에 없다. 글은 신경을 써서 읽어야 하고 의미를 되새겨야 이해할 수 있다. 반면 유튜브와 같은 동영상은 클릭 몇 번만 하면 친절한 유튜버가 흥미롭고 상세하게 설명해준다. 그래서 유튜브, 넷플릭스, 네이버TV 등 동영상 시청이 그야말로 대세다.

최근 '보람튜브'를 운영하는 보람이의 가족 회사가 95억 원 상당의 청담동 빌딩을 매입했다고 해서 큰 화제가 된 적이 있다. 또 일흔을 훌쩍 넘긴 뷰티크리에이터 박막례 할머니는 이제 모르는 사람이 없을 정도다. '계모임 갈 때 하는 메이크업' 같은 생활 속 콘텐츠로 대박이 난 박 할머니는 구독자가 100만 명이 넘는 '파워 인플루언서'로 구글 본사의 초청을 받을 정도다. 또한 광고, 홈쇼핑, 자서전 출판 등으로 활동 영역을 점차 넓히고 있다.

우리나라 유튜브 시장을 보면 먹방, 요리, 음악, 뷰티, 교육, 게임 같은 특정 장르뿐 아니라 장난감 가지고 놀기, 공부하기 등 모든 일상이 콘텐츠가 되고 있다. 특정 유튜버가 연예인 못지않은 인기를 누리고 소득도 상승함에 따라 유튜버에 대한 관심이 높다. 구인구직 플랫폼 사람인이 최근 성인 3,543명을 대상으로 조사한 결과 63%가 유튜버에 도전할 의향이 있다고 답했다고 한다.

이런 시대적 상황을 반영하는 조사 결과도 있다. 교육부와 한국직업능력개발원이 발표한 '2019년 초중등 진로교육 현황'을 보면 '유튜버'가 초등학생이 희망하는 직업 3위에 올라 있다. 이는 2018년보다 2계단 높아진 순위로 의사, 요리사를 제쳤다.

이처럼 개인들이 자유롭게 콘텐츠를 제작, 유통할 수 있는 디지털 환경은 기존 산업 간의 경계도 허물고 있다. 생산자와 소비자의 경계, 전문가와 비전문가의 경계, 국가와 국가 간의 경계까지 모든 것이 무의미해지고 있다. 누구나 마음만 먹으면 콘텐츠를 만들어 소비할 수 있고 일반인이 한순간에 셀럽이 되는 세상이 열린 것이다.

2006년, 미국 시사주간지 〈타임〉은 '올해의 인물'로 '유(YOU, 당신)'를 선정했다. 당시 〈타임〉은 '당신'이 유듀브와 개인 블로그 등을 통해 전 세계 미디어의 영역을 장악하고 새로운 디지털 민주화를 이루었다고 선정 배경을 설명했다. 〈타임〉의 15년 전 전망이 지금 우리 눈앞에 펼쳐져 있다. 개인이 만든 콘텐츠의 조회 수가 몇백만 뷰를 넘기고, 방송에 출연하지 않는 유튜버들이 셀럽이 되는 세상이다. 이제 유튜브는 동영상을 공유하는 일상적 문화 현상을 넘어 비즈니스의 한 축이 되고 있다.

이처럼 소통을 기반으로 하는 플랫폼이지만 우리가 반드시 유의해야 할 점이 있다. 인공지능(AI)을 기반으로 한 콘텐츠 추천 시스템이 유튜브 플랫폼의 발전을 이끌었지만, 역설적으로 편향된 콘텐츠만 지속적으로 소비하도록 유도하는 결과도 또한 가져왔다. 따라서 이런 알고리즘을 의식하고 각자 자기 나름의 기준을 세우고 객관적인 콘텐츠를 선택하고 소비해야 할 필요성도 커졌다. 유튜브를 즐기다 보면 나도 모르게 관심 있는 영상 위주로 화면이 뜬다는 것을 쉽게 알 수 있다. 나의 기호를 읽기 시작한 인공지능과 첨단 테크놀로지 덕분이다.

기계가 나를 인지하고 자동적으로 연결해주는 세상이 과연 편리하기만 한 것인지에 대해 우리는 진지하게 따져볼 필요가 있다. IT 전문가들은 개인에게서 데이터를 모아 '정신의 초상화'를 만든 뒤 이를 이용해 돈을 벌고 있다고 염려한다. 특히 인간의 사색 능력을 파괴하고 있다는 점은 매우 우려스럽다고 말한다. 아무 생각 없이 보다 보면 나도 모르게 몇 시간이 순삭(순식간에 삭제)된다.

특히 한번 자극적인 영상을 본 사람은 다음에도 비슷한 영상에 노출된다. 엽기 동영상, 먹방, 욕설 방송 등을 보면 비슷한 소재의 방송이나 같은 BJ의 방송이 추천되기 때문에 자꾸 빠져들게 되는 것이다. 이렇게 온 사방이 유튜브, 넷플릭스 등 내 손 안의 영화관, 놀이터가 되어버린 상황에서 AI나 알고리즘이 추천하는 사고에 내 생각을 잃게 되는 것을 경계해야만 한다.

내 생각의 주인공은 나다. 특히 아이들의 교육을 위해서는 우리 모두 자신만의 교육 철학을 정립하고 세상의 정보에 의연하게 맞서야 한다. 그러지 않으면 유튜브의 유명한 교육 사이트나 카페에 나도 모르게 우리 아이를 맡기게 되는 상황이 벌어질 수도 있기 때문이다. 오늘부터라도 의식적으로 유튜브의 장단점을 냉철히 따져보며 정신 똑바로 차리자.

코로나블루, 행복한 가정을 위한 하루 한 문장

유튜브 영상은 꼭 필요한 경우에, 그것도 하루에 정해진 시간만 본다.

13

여행

- 행복의 종합 선물 세트 가족 여행

아이의 명문대 합격을 위해서는 세 가지가 필요하다는 말이 있다. 시아버지의 재력, 엄마의 정보력 그리고 아빠의 무관심이다. 그렇다면 내가 무관심해야 한다는 말인데, 나는 이 말에 동의하고 싶지 않다. 사실 나는 아이의 사교육비를 최대한 줄이고 모아서 그 돈으로 국내든 국외든 가족 여행을 가려고 노력한다. 나는 평소 아이에게 "물려줄 재산도 많지 않지만 되도록 돈보다는 값진 추억을 많이 물려주고 싶다"고 말하곤 한다.

이 세상에서 가장 행복한 순간은 "좋은 사람과 여행 가서 맛있는 음식을 먹을 때"라고 한다. 여행은 일상에서 벗어나는 것을 의미한다. 이런 경험은 사람들에게 큰 행복감을 안겨준다. 여행은 걷기, 먹기, 말하기, 놀기 등 사람들에게 재미를 주는 동시에 의미도 있는 종합 선물 세트와 같기 때문이다.

코로나가 점차 잠잠해지면서 국내외 여행 경기가 조만간

살아날 듯하다. 이제 바쁜 일상과 경제적 이유를 고려해 미뤄왔던 가족 여행을 떠나보자. 국내든 국외든 상관없다. 보통 여행이란 정작 가는 날보다 계획하고 준비하면서 더 많은 기대와 행복감을 느끼게 마련이다. 그렇게 행복한 여행 시간을 만들려면 시간을 의미 있게 관리할 필요가 있다. 결국 행복은 시간을 어떻게 효율적으로 쓰느냐의 문제이기 때문이다. TV 시청은 되도록 줄이고 디지털 다이어트도 하자.

"비싼 물건은 인생을 바꾸지 못하지만 여행은 인생을 바꿀 수 있다"는 말도 있다. 이제 세상은 소유의 시대에서 경험의 시대로 이동하고 있다. 물건을 소유한 것에 대한 감흥은 짧지만 그 경험은 오래 지속된다. 소유는 추억이 될 수 없지만 경험은 때로 인생을 바꾸는 계기가 되기도 한다.

평소 "아빠가 어렸을 땐 말이지~"로 대화를 시작하면 자칫 '꼰대'라는 비난을 듣기 쉽다. 하지만 숲과 나무, 강과 바다가 어우러진 자연 속에서는 오래전 아빠의 이야기도 우리 아이들에게 신기하게 들릴 수 있다. 별자리나 오래된 전설 등이 아이들의 상상력을 부추길 수도 있다.

때로는 아이 없이 부부가 두 사람만의 데이트를 즐기자. 꼭 멀리 가지 않아도 좋을 것이다. 연애 시절의 이야기, 아이가 처음 태어났을 때의 이야기를 나눠보자. 이렇게 휴가 때 나눈 둘만의 오래된 향수는 일상으로 돌아와서도 힘차게 살아갈 수 있는 자양분이 될 것이다.

휴가지에서는 자연스럽게 가족 구성원의 과거 추억은 물론 미래의 꿈에 대해서 이야기를 나누면 훨씬 효과가 좋다. 이렇게 아이의 진로, 아빠 엄마의 꿈 등을 공유하면서 더욱 끈끈한 진짜 가족으로 거듭날 것이다. 또한 이를 계기로 각자의 목표와 행복을 위해 서로의 든든한 서포터즈가 되어줄 수도 있을 것이다.

다만 사춘기 자녀가 있을 경우 억지로 대화를 이끌어내려 하다가는 오히려 부작용이 생길 수 있다. 이럴 때는 어색한 억지 대화 대신 몸을 활용한 체험 활동을 하다 보면 흐르는 땀과 함께 추억을 쌓게 될 것이다. 또한 게임이나 스포츠 등으로 다른 가족과 선의의 경쟁을 하면 가족 화합의 계기가 될 수도 있을 것이다.

일상에서는 가족이 함께 모여 식사 한 번 하기 힘든 것이 현실이고, 이런 환경에서는 대화를 해도 경청하기가 쉽지 않다. 하지만 일단 집을 떠나 새로운 환경이나 자연 속에 있게 되면 가족 간의 대화를 방해하는 스마트폰, TV, 게임 등의 요소가 상대적으로 줄어든다. 가족 간의 소통을 높이는 '경청 휴가'를 통해 우리는 가족이라는 보금자리의 일원이라는 소속감을 되새길 수 있을 것이다.

미국의 시인 랄프 왈도 에머슨은 "자연의 모습은 보기만 해도 하나의 기쁨"이며, "자연과 책은 보는 눈이 임자"라고 했다. 또 김영하 작가는《여행의 이유》에서 이렇게 썼다.

> 여행은 불필요하고 의미 없는 부분들이 최소화된다는 점에서 집중도를 높인다. 여행 중에 우리는 의무적으로 해야 하는 수많은 잡무로부터 해방된다.

오롯이 지금 내가 느끼는 것에 집중하는 순간 때문에 여행이 우리의 기억 속에 오래 남는 것이라는 말이다. 그러니 우리도 아이가 훌쩍 커서 같이 가지 않겠다고 하기 전에 부지런히 여행을 다니며 행복한 추억을 많이 쌓자. 추억에는 세금이 붙지 않는다. 유산 대신 순간의 행복이 가득 담긴 진짜 추억을 아이에게 증여하자!

코로나블루, 행복한 가정을 위한 하루 한 문장

아이에게 유산이 아니라 세금이 붙지 않는 추억을 증여하자.

14

연애

- 배우자와 연애하듯 오늘을 산다

사람은 누구나 완벽한 결혼을 꿈꾼다. 나도 그랬다. 결혼한 지 20여 년이 다 되어가는 지금은 그것이 욕심이라는 냉정한 현실을 인정하고 있다. 대부분의 사람들은 결혼식장에서 "죽음이 우리를 갈라놓을 때까지 사랑하겠노라" 다짐하지만, 과학적으로 정열의 유통기한은 2년이라고 한다. 인간의 뇌 구조가 그렇다는 것이다. 이는 미국 미시간주립대의 리처드 루커스 교수팀이 15년에 걸쳐 2만 4천 명의 독일인을 조사한 연구 결과라고 한다.

결혼의 행복감은 풍선의 바람이 빠지듯 2년이 지나면 원점으로 돌아간다. 그래서 연애 때의 정열을 한국 문화의 '정(情)'이나 다른 정서적 공감대로 승화시켜야 사랑을 지속할 수 있다. 하지만 결혼 생활을 하다 보면 상처 주는 말로 배우자의 마음을 할퀴는 것이 보통의 우리 모습이다. 칭찬과 응원보다는 무시하기 일쑤고, 잔소리는 늘어가고 불만은 쌓여간다. 이런 일이 반복되어 부부가 '원수'가 될 때 우리는 이혼까지 생각하게 된다.

어느 날, 나와 가정을 이루고 살며 20년째 맞벌이 중인 아내와 딸에 대한 이야기를 나누었다.

"아직 공부 실력은 잘 모르겠지만, 친구들과 사이좋게 지내고 좋아하는 아이돌 댄스를 잘 따라 하고 우리 부부에게 웃음을 많이 주는 딸이 요즘 너무 예뻐."

그랬더니 아내가 대뜸 이러는 게 아닌가.

"십 년 전에는 지금보다 백배 더 예뻤는데?"

부끄러운 이야기지만, 솔직히 나는 딸아이의 어렸을 때 얼굴이 잘 기억나지 않는다. 사회 초년병 시절 대기업에 다녔던 나는 철저히 그 회사 사람이었다. 매일 늦게 퇴근했고 회식도 잦았던 까닭에 나는 딸아이가 자라는 모습을 제대로 본 적이 없었다. 어린 딸아이를 낮에는 어머니가 봐주시고, 저녁에는 아내가 독박 육아를 했던 것이다.

지금도 예쁜데 서너 살 때는 이보다 백배 더 예뻤다니……. 다시 그 시절로 돌아갈 수 없다는 현실과 하숙인처럼 살았던 그 시절이 떠올라 갑자기 눈시울이 붉어졌다. 아내와 딸아이에 대한 미안함에 몸 둘 바를 몰랐다. 지금도 그렇긴 하지만 그때는 왜 그렇게 회사에 목을 매었던지…….

과거 산업화 시대에는 장시간 근무가 미덕으로 간주되었다. 그렇다면 AI에게 우리의 일자리를 양보해야 하는 4차 산업혁명 시대에도 과연 그것을 미덕이라 할 수 있을까? 그런데 의외로 여전히 많은 조직 관리자들의 사고방식이 과거 산업화 시대에 머물러 있다.

고도 경제 성장기를 거치는 동안 우리는 앞만 보고 달려왔다. 멈춤이란 우리 사회에 대한 배신처럼 느껴졌다. 그래서 우리는 멈출 수 없었다. 멈춰본 경험이 없었기 때문에 멈춤에 대한 두려움이 팽배해 있었을 것이다. 한강의 기적을 일군 기성세대들에게 멈춤은 곧 패배를 뜻하는 단어였다. 멈춤 없이 승승장구한다는 이야기를 들어야 직성이 풀렸다. 그것이 사회가 만들어놓은 성공의 기준이었기 때문이다.

몇 년 전, "당신에게 남은 시간은 얼마나 될까요?"라는 카피로 가족의 소중함을 일깨운 광고가 있었다. 가족시간계산기로 향후 가족과 보낼 수 있는 남은 시간을 계산해준다는 내용이었다.

영상은 서울의 한 건강검진 병원에서 결과를 확인하러 온 사람들이 뜻밖의 시한부 판정을 받는 장면으로 시작된다.

"9개월 남았습니다."

예상치 못한 결과에 사람들은 몹시 당황스러워했다. 특별히 제작된 검진결과표를 한 장 한 장 넘기며 깊은 생각에 잠기거나 먹먹한 감정을 감추지 못했다. 이들은 자신의 평균수명 중 남은 시간에서 회사 업무 시간, TV 시청 및 스마트폰을 보는 시간, 출근 준비 및 화장실 사용 시간 등을 제외하고 순수하게 가족과 함께할 수 있는 시간을 계산했다. 남은 시간의 근거를 알게 된 참가자들은 눈물을 흘리기도 했다.

"여보, 오늘도 늦어."

"아빠, 오늘 피곤해."

"엄마, 일이 있어서 못 찾아봬요."

이런 말로 우리는 가족과 함께하는 소중한 시간을 습관적으로 미룬다.

색다른 방식으로 가족의 의미를 재조명한 이 영상의 제작자는 이런 바람을 밝혔다.

> "대부분의 사람들이 '다음에 하면 되지'라고 이야기하는데, 그 '다음'이라는 순간이 얼마 남지 않았다는 것을 느꼈으면 한다. 이 영상을 보고 사람들의 일상에 긍정적인 변화가 일어나길 바란다."

가족시간계산기를 통해 우리 인생의 남은 시간을 확인했다면 앞으로 어떤 부부가 될 것인지, 어떤 가정을 영위할 것인지 고민해보자. 가족과 함께하는 시간이야말로 우리의 인생을 풍성하게 해줄 것이다.

이를테면 한 달에 한 번은 배우자와 카페나 영화관에서 데이트하기, 주말에는 배우자와 마주 앉아 한 시간 대화하기 등 소소한 행복을 의도적으로 만들어보자. 오랜 시간을 함께 살아왔으면서도 배우자가 무엇을 좋아하는지 아직 잘 모른다면 반성할 일이다.

"호랑이는 죽어서 가죽을 남기고 사람은 죽어서 이름을 남긴다"는 말이 있다. 결국 살아간다는 것은 자신만의 흔적을 남기는 일이다. 누구는 돈으로, 누구는 명예로 저마다 자신만의 흔적을 남기고 싶을 것이다. 비록 그 모든 것은 죽음과 함께 자연스럽게 사라지겠지만, 나의 사랑스러운 가족과 주위 사람들을 위한 '즐거운 추억의 흔적'은 문신처럼 새겨져 배우자의 가슴에 남고 아이들의 영혼에 담길 것이다.

가족을 뜻하는 영어 단어 '패밀리(family)'는 "파더 앤드 마더, 아이 러브 유(Father and Mother, I Love You!)"의 첫 글자를 의미한다는 말이 있다. 결국 가족은 사랑의 다른 표현일 것이다. 비록 지금 가진 돈이 얼마 없어도, 건물주가 아니어도 상관없다. 지금 이 순간 나와 동행할 따뜻한 패밀리가 있다면.

코로나블루, 행복한 가정을 위한 하루 한 문장

배우자와 최소 한 달에 한 번은 정기적으로 데이트를 한다.

15

부모 vs 학부모

- 학부모 이전에 부모라는 것을 잊지 않는다

중학교 2학년인 우리 딸이 유치원을 졸업하던 날을 아직도 생생하게 기억한다. 유치원 원장님은 유치원을 떠나는 졸업생들의 앞날을 축복하며 학부모들에게 특별한 마지막 당부의 말을 남겼다.

"아이가 초등학교에 입학하면 본격적인 공부 레이스를 시작하게 됩니다. 그러다 보면 지금은 이렇게 사랑스러운 우리 아이를 다른 아이들과 비교하게 됩니다. 그런 순간이 반복되면 아이도 부모님도 불행해집니다. 그러므로 모든 기준은 지금 여러분이 생각하고 계신 것처럼 우리 아이가 되어야 합니다. 우리 부모님들은 이 점을 꼭 기억해주세요. 우리 아이가 바른 인성을 가지고 다른 아이들을 경쟁자로만 생각지 않고 배려하며 자랄 수 있게 지켜주세요."

벌써 7년이 지났지만, 우리 부부는 유치원 원장님의 고마운 조언을 잊지 않으려고 노력한다. 물론 쉽지만은 않다. 부모들 간의 보이지 않는 신경전, 카페에 넘쳐나는 엄친아들에 대한 이야기를 읽다 보면 사교육을 어디까지 해야 할까 고민에 빠지게 마련이다.

어린 시절 집에서 키를 재고 벽에 기록하던 추억이 남아 있을 것이다. 그 시절 나는 책받침 같은 것을 머리에 올려놓고 거기에 맞춰 벽에 선을 그었다. 그리고 옆에는 날짜를 함께 적어 넣었다. 아이들이 성장할 때 수시로 키를 재는 이유는 잴 때마다 자신이 조금 더 자랐다는 것을 확인할 수 있기 때문이다. 그전에 표시한 것보다 얼마나 더 차이가 나느냐에 따라 기쁨의 강도도 달라진다. 이때 비교 상대는 바로 과거의 나다.

그런데 학교에 가고 나서는 더 이상 키를 재지 않는다. 왜 그럴까? 그 이유는 아마도 과거의 내가 아닌 다른 아이와 본격적으로 키를 비교하기 시작하기 때문일 것이다. 다른 아이들과 비교하면 나의 키는 어느 순간 상대치로 바뀐다. 즉, 우리 반 아이들의 키가 대부분 나보다 크다면 나는 상대적으로 키 작은 아이가 된다. 자기 집에서 키를 재고 벽에 기록할 때는 그저 즐거웠는데, 다른 아이와 비교하기 시작하면서 불행도 시작된다. 나보다 키가 큰 사람은 반드시 존재하기 때문이다.

아이나 어른이나 남과 비교하기 시작하면 모두 불행해진다.

잠깐 동안 기분 좋은 일이 있더라도 불행한 이유를 우리 주변에서 얼마든지 찾을 수 있다. 비교하는 순간 불행이 시작된다. 비교하기 시작하면 인생도 고단해진다. 물론 비교가 때로는 나에게 동기를 부여한다. 하지만 잊지 말아야 할 점은 비교 대상이 반드시 '과거의 나'여야 한다는 것이다. 남과 비교하면 안 된다. '나와 나의 비교'여야 한다.

만약 오늘 하루를 만족스럽게 보냈다면 어제의 나보다 조금 성장해 있을 것이다. 내 마음의 키가 조금이라도 커진 것 같을 때 비로소 비교는 행복이 된다.

문득 예전에 TV에서 봤던 공익광고가 떠오른다.

> 부모는 멀리 보라 하고, 학부모는 앞만 보라 합니다.
> 부모는 함께 가라 하고, 학부모는 앞서 가라 합니다.
> 부모는 꿈을 꾸라 하고, 학부모는 꿈을 꿀 시간을 주지 않습니다.
> 당신은 부모입니까, 학부모입니까?

교육 전문가들은 우리 아이들이 건전한 가치관을 가지고 성장하려면 부모들의 노력이 필요하다고 말한다. 예를 들어 아이 연령에 맞게 소소한 집안일을 하게 하고 성취감을 가지게 해주는 것도 좋다. 때로는 친척 상가(喪家)에 데려가 슬픔과 죽음 같은 감정도 자연스럽게 배우게 하는 것도 좋다. 경제 교육도 어렸을 때부터 시작해야 효과가 크다. 그 나이에 과하지 않게, 오히려 조금 부족하다 싶을 정도의 용돈을 주고 자기 스스로 체계적으로 관리하게 하자.

교육 전문가들은 아이들의 건강한 성장을 위해서는 평소에 작은 실패를 경험하게 하는 것이 좋다고 말한다. 즉, 떼쓴다고 장난감 무조건 사주지 않기, 약속을 지키지 않으면 TV 시청 제한하기 등을 통해 일부러 일상에서 제어하는 경험을 하게 만드는 것이다.

유치원에 입학할 때가 되면 혼자 씻게 하고 초등학생이 되면 잔심부름을 시키자. 미국이나 유럽에서는 마당 치우기, 쓰레기 버리기 등을 아이의 독립심 형성에 좋은 습관으로 본다. 특히 선생님에게 아이가 해야 할 말을 부모가 대신 해준다거나 친구와 사소한 다툼이 있을 때 부모가 나서는 것도 주의해야 할 점이라고 말한다.

어렸을 때 우리 마음을 졸이게 했던 수, 우, 미, 양, 가의 의미를 한번 되새겨보자. 빼어날 수(秀), 우수할 우(優), 아름다울 미(美), 양호할 양(良), 가능할 가(可). 과거에는 몰랐지만 수, 우, 미, 양, 가는 의외로 각각 좋은 의미를 담고 있다. 우리가 정말 싫어했던 양, 가조차도 양호하고 가능한 아이를 뜻한다니 말이다.

"아이들이 지닌 잠재력의 총합은 누구나 똑같다"는 말이 있다. 우리 아이가 공부에 뛰어나지 않다면 분명 부모가 미처 찾아내지 못한 월등한 또 다른 능력이 있을 것이다. 다른 아이와 우리 아이를 비교하며 스스로 불행한 길을 가지는 말자. 우리 아이를 있는 그대로 바라보고 그 아이가 가진 가능성을 찾아보자. 아이 자신이 좋아하고 사회에 선한 영향력을 발휘하는 길을 부모와 아이가 함께 찾아나서자.

"아이들의 첫 학교는 가정"이라고 한다. 부부가 '아이 만들기'라는 공동 숙제를 통해 진심으로 아이를 크게 품어주자. 그러면 아이는 우리가 모르는 사이에 세상을 감동시키는 큰사람으로 자라나 있을 것이다.

코로나블루, 행복한 가정을 위한 하루 한 문장

우리 아이를 다른 아이와 절대 비교하지 않는다.

16

선입관

- 아이를 학원에 보내기 전 눈에 감긴 수건부터 풀어라

"아이가 몇 학년이에요? 그 정도 되면 영어, 수학은 2년 선행이 기본이고 국어와 역사 과목은 소수 정예로 그룹 과외 한 번 받는 게 어때요?"

지금도 아이들을 어느 학원에 보내야 할지, 한 달 사교육비로 얼마나 쓰는 게 좋은지 고민하는 부모들이 많다고 한다. 물론 나도 예외는 아니다. 고등학교 3학년 성적, 중학교 성적이 아니라 초등학교 고학년 성적이 대입을 좌우한다는 말이 우리 부모들을 불안하게 만든다. 우리 아이만 뒤처지는 게 아닌지…….

세계적인 석학 앨빈 토플러(Alvin Toffler)는 2008년 9월 서울 아시아 태평양 포럼에서 입시로 인한 한국 교육의 문제를 강도 높게 비판했다. 그 이유는 "한국 학생들이 하루 15시간을 학교와 학원에서 미래 사회가 요구하지 않는 지식과 곧 사라질 직업을 위해 인생을 허비하고 있다"는 경고였다. 그로부

터 12년이 지났지만, 안타깝게도 우리의 현실은 별로 달라진 게 없는 듯하다.

앨빈 토플러는《부의 미래》라는 책에서 현대의 학교 모델은 19세기 산업화 시대의 노동자를 양성하기 위해 최초로 구상되었다고 말했다. 단일화, 표준화, 대량화를 위해 산업사회가 필요로 하는 학교 체제였던 것이다. 그는 "공장에 필요한 노동력 공급이 19세기 학교의 1차 목표였다"고 말하고, 현재의 한국 교육 시스템이 과거 19세기에 머물러 있다고 지적했다.

최근 한국의 대학진학률은 70% 수준이다. 이는 거의 무상으로 대학 교육을 하는 독일 30%, 프랑스와 유럽 선진국 40%보다 월등히 높으며 경제협력개발기구(OECD) 국가 가운데 최고 수준이다. 우리나라의 경우 학업에 뜻이 있든 없든 일단 대학은 졸업해야 한다는 고정관념이 있다. 결국 대학문을 넘기 위해 아이들에게 12년간의 일방적인 주입식 교육이 진행된다. 이런 이유로 우리 학교에는 학습만 있고 배움이 없다.

학업 스트레스로 인한 우리나라 학생의 자살률은 세계 최고 수준이다. 학습은 등수를 만들어 일렬로 세우는 일이지만 배움은 사람을 만들어낸다. 배움은 살아 있는 생명과 다른 사람을 존중하게 한다. 스스로를 성찰하고 자기 통제력을 갖추는 것이 배움이다. 하지만 현재 우리 교육 현장에는 그런 배움이 없다고들 말한다.

우리 아이들은 모두 인재, 영재, 일등의 끼를 가지고 태어난다. 하지만 우리 사회가 아이들을 국영수 점수로 일등과 꼴찌로 나누고 있다. 현재 우리나라의 교육 환경에서는 아인슈타인이 태어나도 입시 주요 과목으로 줄을 세울 것이다.

사실 좋은 대학교를 졸업한다고 해서 한 사람의 인생이 탄탄하게 보장받던 시대는 오래전에 끝났다. 4차 산업혁명 시대를 맞아 세상은 수많은 복잡계 속에 놓여 있다. 또한 IQ만 중요한 시대도 아니다. 미국의 심리학자 하워드 가드너(Howard Gardner)가 이야기한 대로 언어 지능, 논리 수학 지능, 음악 지능, 공간 지능, 신체 운동 지능, 대인 지능, 자성 지능은 물론 자연 지능도 있다. 따라서 모든 과목, 모든 영역에서 잘할 필요는 없다. 다 잘한다는 것은 사실 아무것도 못한다는 것과 같은 의미라고 볼 수 있다. 무엇 하나라도 자신이 잘하고 좋아하는 게 있다면 그 영역의 전문가가 되면 된다.

그런데 우리나라 사람들은 축구를 생각하더라도 대부분 국가대표 축구 선수만 생각하고 그 길이 정답이라는 선입관을 가지고 있다. 사실 선수로만 성공할 수 있는 것은 아니다. 감독, 캐스터, 행정가 등 축구라는 생태계 안에도 각각의 역할이 있다. 우리가 잘 아는 거스 히딩크 감독도 현역 선수일 때보다는 감독으로 더 명성을 얻은 인물이다.

하지만 우리 교육은 아직도 다양성을 보지 않고 국가대표 축구 선수만 만들려고 뛰어드는 형국이다. 아울러 국영수 공부를 잘하는 사람만이 성공한다는 고정관념이 우리 아이들을 숨 막히게 한다. 아이들의 타고난 끼를 찾아주는 것이 아니라 시험 성적과 등수에만 매달린다. 아이를 있는 그대로 바라보는 게 아니라 점수로 평가당하는 사람으로 볼 뿐이다. 아이들의 날개를 꺾는 온갖 보이지 않는 족쇄로 아이들을 '교육적으로' 만든다.

그 결과 학교를 떠나 길거리에서 방황하는 학생들이 사회문제가 된 지 오래다. 소중한 우리 아이들이 학교 밖에서 오늘도 길을 잃은 채 서성대고 있다. 또한 성적 문제로 인한 자살은 조금 과격하게 표현하자면 '교육타살'이라 볼 수도 있을 것이다. 우리 부모들은 이런 사회환경을 직시하고 아이들이 성적 프레임을 탈피해 타고난 끼를 표출할 수 있도록 중심을 잡아나가야 한다.

그런 의미에서 우리 부모들에게는 유망주를 찾아다니는 스카우터 같은 마음 자세가 필요하다. 미국 메이저리그 스카우터들은 국내외 각지를 돌아다니며 꿈나무를 찾는다. 훌륭한 재능을 갖춘 선수를 조기에 발견하고 프로 시장에서 싹을 틔우게 하는 것이 그들의 임무다. 그런데 이들이 자주 부딪히는 딜레마가 있다고 한다.

비슷한 실력의 공을 던지는 두 명의 젊은 유망주가 있다고 치자. 자연스럽고 부드럽게 던지는 선수와 엉성하고 볼품없는 폼으로 던지는 선수가 있다면 우리는 누구를 선택해야 할까? 스카우터들은 같은 대답을 한다. 엉성한 자세로 던지는 선수를 선택한다고. 왜냐하면 선수들의 자세는 나중에 연습을 통해 다듬으면 되고, 그 과정에서 공의 스피드나 구질은 급상승할 수 있기 때문이다.

그렇다면 우리 아이들은 아직까지는 한참 부족한 자세로 공을 던지는 선수와 같다고 할 수 있다. 우리 사회와 부모들은 아이들이 능력을 '뿜뿜'할 수 있게 관찰하고 때로는 기다려주어야 한다. 이때 필요한 것은 칭찬과 용기를 북돋아주는 말이다. 그렇게만 된다면 아이들도 자신이 좋아하는 일을 통해 진짜 행복을 맛볼 수 있을 것이다.

최근 신문에서 어느 작가가 해외여행에서 느낀 점을 쓴 기사를 본 적이 있다. 스페인 여행 중에 바르셀로나 근교의 와이너리에 갔는데, 마당을 쓸던 한 할아버지가 작가를 보고는 이렇게 물었다고 한다.

"아 유 해피?(Are you happy?)"

마침 와인 시음을 마치고 한창 기분이 좋았던 그녀는 "행복하니?"라는 물음에 큰 소리로 "예스(yes)!"라고 외쳤다. 그러자 그는 "그게 중요한 거야"라며 씽긋 웃었다.

이 짧은 대화에서 그녀는 한 가지 교훈을 얻었다고 한다. 누군가의 인생을 평가할 수 있다면 그 유일한 기준은 그 사람의 행복이어야 한다는 것.

좋은 대학, 인서울 여부를 떠나 우리 아이들은 모두 12년이라는 학창 시절 동안 행복할 자격이 충분하다. 우리가 예전에 입시라는 놈 때문에 힘겹게 살았다고 해서 우리 아이들에게도 같은 잣대로 강요해서는 안 된다. 현재의 우리 교육 시스템을 만든 것은 우리 어른들인데, 그 안에서 잘못하고 있다고 아이들을 코너로 몰아서는 안 된다.

그리고 작가가 스페인에서 만난 할아버지처럼 우리 아이들에게 이렇게 자주 물어봐주면 어떨까?

"Are you happy?"

코로나블루, 행복한 가정을 위한 하루 한 문장

아이에게 "너 지금 행복하니?"라고 자주 묻는다.

17

인성

- 가족 식사를 통해 밥상머리 교육을 한다

"가족이란 누가 안 보면 갖다 버리고 싶은 것"이라고 일본의 유명 감독 기타노 다케시는 말했다. 가족은 인류의 기원이며 울타리다. 그리고 평생 함께할 동반자다. 그런데 희로애락을 함께하는 일상의 가족 개념이 요즘 들어 바뀌고 있다. 도시화, 만혼 등 여러 이유로 1인 가족이 늘고, 오히려 반려견을 가족처럼 여기는 사람들도 많아지고 있다.

우리가 흔히 이야기하는 가족의 다른 이름 '식구(食口)'는 사실 '함께 밥 먹는 사람'이라는 뜻이다. 서양에도 비슷한 단어가 있다. 친구(companion)와 회사(company)라는 말의 어원은 '빵을 함께 하는 사람들'이라고 한다. 라틴어에서 'com'은 '함께'라는 뜻이고 'pan'은 '빵'을 의미하기 때문이다. 결국 식사를 함께 한다는 것은 허기를 달래는 것 이상의 의미가 있다. 이를 평소 가장 잘 실천하는 민족이 유대인이다.

유대인 경쟁력의 비밀은 밥상머리 교육에서 시작되었다. 전 세계 인구의 0.2%에 불과한 유대인이 역대 노벨상 수상자 중 25%를 차지하는 이유다. 그들은 식사 시간에 조상의 지혜서인《탈무드》로 격식 없는 토론을 벌인다. 식사를 하는 도중 아이가 잘못을 하더라도 나중에 타이른다. 아이를 온전한 인격체로 대우하기 때문이다. 이스라엘은 안식일인 토요일에는 대부분의 가게가 문을 열지 않고 대중교통도 잘 운행하지 않는다. 그날만은 온 가족이 모여 함께 시간을 보내는 '가정의 날'이라 할 수 있다.

미국 정치 명문 케네디가(家)에도 유대인과 비슷한 문화가 있다. 케네디 전 대통령의 어머니 로즈 여사는 식사 시간에 늦은 아이들에게는 밥을 주지 않았다. 약속의 소중함을 몸소 느끼게 하기 위해서다. 식사 시간에는 그날의 신문 기사나 읽고 있는 책에 대해 부모와 자식이 편하게 의견을 나눈다. 그래서 식사 시간이 2시간을 훌쩍 넘기곤 했다. 이런 가족 식사 문화는 케네디 대통령이 토론과 연설에서 탁월한 능력을 보이는 데 큰 영향력을 미쳤다.

우리도 평소 밥상머리 교육이 중요하다는 것은 익히 알고 있지만, 막상 실천하려고 하면 어디서부터 해야 할지 막막하다. 그렇다면 일단 일주일에 하루라도 '가족 식사의 날'로 하기로 가족 모두가 합의하자. 식사 장소는 되도록 집이 좋고, 시간과 요일은 서로 의논해서 결정한다. 식사 준비도 가족이 모두 참여할 수 있는 메뉴로 정한다.

식사 도중에는 TV 시청이나 스마트폰 이용을 절대 하지 않고, 대화가 충분히 이뤄질 수 있도록 음식은 되도록 천천히 먹자. 또한 가족 간의 이야기를 최대한 존중하고 부정적인 피드백은 하지 않기로 한다. 그저 공감하고 경청해주면 된다. 특히 아이들이 말을 할 때는 중간에 끊지 말고 끝까지 경청하자. 어른들은 아이가 대화를 시작하면 자기 머릿속에서 답을 내리고 지체 없이 아이에게 정리해서 알려주는 경향이 있다. 하지만 밥상머리 교육은 훈계나 잔소리를 듣는 시간이 아닌 만큼 그런 분위기로 흐르지 않게 조심해야 한다.

이제 밥상머리 교육을 위해 아이들과 대화하는 법을 익혀보자. 대화는 가벼운 일상 이야기로 시작하고 단답형 질문보다는 "어떻게 하면 좋을까?" 식의 열린 질문을 하는 것이 좋다. 아이에게 "오늘 학교는 잘 다녀왔니?", "숙제는 다 했니?" 하는 식의 폐쇄적 질문보다는 "오늘 학교에서 기억에 남는 일이 있었니?", "요즘 독서를 열심히 하던데 어떤 내용의 책이야?" 하는 식의 질문이 좋다.

또한 아이들을 칭찬할 때도 막연하게 추상적으로 하지 말고 구체적으로 칭찬하는 것이 좋다. "고생했어", "참 잘했어"보다는 "요즘 네 독서 시간이 많이 늘어서 엄마는 참 좋아", "오늘 네가 보채는 동생과 잘 놀아주는 모습을 보니 정말 대견스러웠어" 하고 표현하는 것이 좋다.

미국 하버드대학의 캐서린 스노(Catherine Snow) 박사 연구팀은 3세 자녀를 둔 83가정을 대상으로 2년간 아이들의 밥상머리 교육을 통한 언어습득 능력을 연구했다. 연구 결과는 놀라웠다. 연구 기간 동안 아이들이 습득한 어휘는 평균 2천 개였다. 이 중 책읽기를 통해 익힌 단어가 140여 개인 반면 가족 식사를 통해 배운 단어는 1천 개가 넘었다. 또한 초등학교 진학 후에도 가족 식사 빈도가 높은 아이들의 성적이 높았다.

한편, 미국 컬럼비아대학 약물오남용예방센터(CASA)의 연구에 따르면 가족과 식사를 거의 하지 않는 학생의 흡연 비율은 그렇지 않은 학생보다 4배나 높았다. 음주와 마리화나를 하는 학생도 2배가량 많은 것으로 나타났다. 또한 부모와의 관계도 가족 식사 빈도와 비례하는 긍정적 결과가 나왔다. 반면 우울증, 자살률은 가족 식사 빈도와 반비례하는 것으로 나타났다.

일본에서도 비슷한 결과가 나왔다. 2009년에 이루어진 조사에 따르면 전국학력평가 점수가 최상위권인 아키타 현 초등학생들의 경우 가족과 식사하는 비율이 아침(67%), 저녁(91%) 모두 높게 나타났으며, 중학생도 각각 53%, 85%로 나타났다. 특이한 점은 학교에서 있었던 일을 가족과 이야기하는 아이의 성적이 높게 나왔다는 것이다. 문제해결 능력 또한 가족 식사를 많이 하는 아이일수록 높게 나타났다.

우리나라의 경우 1인 가구가 늘면서 집밥을 그리워하는 이들이 늘어나는 추세다. 심지어 낯선 이들과 밥을 함께 먹는 모임도 많이 생겨났다. 전문가들은 집밥 열풍에 대해 "사실은 배가 고픈 게 아니라 정이 고픈 것"이라고 입을 모은다. 철학자 강신주 박사는 방송에서 "한 끼를 때우기 위해 의무적으로 밥을 먹는 것은 사료이고, 한 끼를 먹더라도 감정을 나누며 정성스레 차려 먹는 것이 식사"라는 의미 있는 이야기를 하기도 했다.

집밥이라는 단어 속에는 결국 공복만 채우는 것이 아니라 가족과, 때로는 마음 맞는 사람과 함께 나누는 건강한 밥상이라는 더욱 소중한 의미가 담겨 있는 것이다.

코로나블루, 행복한 가정을 위한 하루 한 문장

최소 일주일에 한 번은 가족 식사를 통해 가족의 소중함을 느낀다.

18

독립

- 30세 취업이 목표가 아니라 30세에 독립하게 한다

방송인 샘 해밍턴이 두 아들과 백화점에 갔을 때의 이야기다. 신나게 뛰놀던 아이가 크게 넘어지자 순간 주변 사람들이 재빨리 달려왔다.

"아이고, 아가."

그런데 오히려 그런 반응에 크게 놀란 아이가 울음을 터뜨렸다. 그러자 샘 해밍턴은 그들에게 정중히 부탁했다.

"우리 아이가 혼자 설 수 있게 잠깐만 더 지켜봐주세요. 부탁합니다."

그러자 아들은 이내 눈물을 닦고는 아무렇지 않다는 듯 다시 뛰놀기 시작했다.

이 이야기는 '한국식 육아'에 대한 질문을 받고 샘 해밍턴이 예로 든 사례다. 그는 "아이들을 자유롭게 뛰놀게 한다. 다만 적절한 거리에서 부모가 조심스레 지켜본다"고 말했다.

아이의 독립적인 사율성을 상조하되 책임감도 심어주는 샘

해밍턴의 자녀 교육법이 우리나라 부모들에게는 다소 생소하게 보일 수 있다. 이에 대해 그는 한국의 육아 방식은 지나치게 안전 지향적이어서 아이의 몸은 보호받겠지만 독립심과 자립심은 자연스레 사라지게 된다고 말했다.

"우리 아이들은 호주에서 여름에 옷을 벗고 뜨거운 바닥을 맨발로 다녔어요. 높은 나무도 스스럼없이 올랐습니다. 몸에 흉터가 많이 생겼지만 우리 아이들은 그 경험을 토대로 몇 단계는 더 성숙해졌습니다."

샘 해밍턴의 육아에는 엄격한 규칙이 있다. 두 아이와 허물없는 친구처럼 지내지만 아이 스스로 자기 주도적으로 해볼 것을 강조한다는 점이다.

"한국은 모든 문화에서 '빨리빨리'가 일상이 되어 있어요. 아이들이 스스로 하는 것을 장시간 지켜보지 못해요. 사실 아이들도 자기가 하고 싶은 게 많거든요. 양말도 옷도 혼자 신고 입고 싶고, 세수도 마찬가지예요. 저는 아이가 혼자 할 수 있게 30분 정도는 지켜봅니다. 그 과정에서 아이들은 본격적으로 성장합니다."

그의 육아법을 살펴보면 우리 교육과는 차이가 있다는 것을 알 수 있다. 우리나라 부모들의 사랑은 자녀의 성장이나 자립보다 '안전'을 더 중시한다. 그래서 아이가 아무리 나이가 들어도 '자녀 지킴이'가 되는 경향이 있다. 나에게 아이와 반려동물의 차이점 하나를 꼽으라면 아마도 독립 여부가 아닐까 싶다. 반려동물은 우리가 영원히 보살펴야 하지만 아이는 자립해서 나가게 해야 한다.

'인류의 교사'로 불리는 하인리히 페스탈로치(Heinrich Pestalozzi)는 "가정은 도덕 교육의 터전"이라고 했다. 올바른 인성(人性)은 사실 교사가 아니라 부모에게서 배우는 것이다. 각 가정에서 왕자와 공주로 대우를 받으며 자란 아이들은 사회생활을 해나가면서 어려움을 겪게 된다. 아이들이 그런 어려움을 겪지 않도록 인격 함양을 하려면 학교가 아니라 가정이 제 역할을 해야 한다. 가정은 우리 아이가 가장 먼저 입학하고 가장 늦게 졸업하는 평생 학교이며, 졸업도 없다. 세대를 이어서 처음과 끝을 함께하는 마지막 삶의 배움터이기 때문이다.

특히 나약한 아이는 자기 인생을 주도적으로 이끌어가는 힘이 없다. 그래서 자신이 선택한 삶이 아니라 부모나 사회가 원하는 삶을 살게 된다. 자신의 선택과 가치관에 따라 주도적으로 살아가는 어른이 되지 못한다. 우리는 흔히 아이를 과잉보호한다고 하는데, 세상에 과잉보호란 없다. 그저 '과잉간섭'만 있을 뿐이다.

우리는 그저 아이들이 스스로 자신의 진로를 탐색하고 선택할 수 있게 도우면 된다. 누군가가 "앞으로 무슨 학과가 전망이 있지?" 하고 물어본다면 "우리 아이가 가장 행복해하는 일을 하는 게 전망이다"라고 대답해주는 부모가 되어야 한다.

어찌 보면 우리의 진정한 은퇴는 결국 자식이 돈을 벌고 독립해야 가능해진다. 자식이 부모의 돈을 쓰지 않아야 부모의 은퇴 이후 삶도 가벼워진다. 그런 이유로 우리 아이들의 배움의 끝은 반드시 자립과 연결되어야 한다. 그런데 오직 공부에만 익숙한 아이들은 이 연결을 제대로 해나가지 못하는 경향이 있다. 그래서 때로는 현실도피 차원에서 너무 쉽게 대학원을 선택하는데, 결국 그 부담도 부모 몫이 된다.

이렇게 아이도 부모도 힘들어지는 상황이 발생하지 않도록 아이 스스로 일어설 수 있게 인내하며 지켜보자. 부모가 그런 모습을 보인다면 우리 아이들은 지금보다 더 크게 자라날 것이다.

코로나블루, 행복한 가정을 위한 하루 한 문장

우리 아이들은 어른들이 생각하는 것보다 일찍 어른이 된다.

3장
세상을 만나다

세상에 상처받지 않기 위해 부모력을 키운다

19

자기 주도

- 내 인생버스의 운전자는 나다

사회생활을 하다보면 사람들에게 치여서 때로는 가족에 치여서 아무도 없는 무인도에서 혼자 살고 싶을 때가 있다. 직장 동료들은 물론 가족과도 부딪치지 않는 조용한 삶을 꿈꾸는 것이다. 지구상의 생명체 중 인간만큼 마음의 상처를 주고받으며 사는 존재가 또 있을까?

몸에 난 상처는 시간이 지나면 낫지만, 눈에 안 보이는 마음의 상처는 잘 낫지 않는다. 오히려 상처가 더 아프고 더 깊어진다. 특히 친한 사람에게 배신당했을 때 우리의 분노는 더 커진다. 연인에게 차이고 나면 다시는 사랑을 하지 않겠다고 다짐하기도 한다. 하지만 결국 사람은 서로 부대끼며 살 때 행복함을 느낀다. 인간은 사회적 동물이기 때문이다.

그런 의미에서 우리는 좀 더 주도적으로 삶을 살아갈 필요가 있다. 간혹 오해를 일상처럼 하는 사람을 만날 때가 있다. 그들은 사람들의 선의를 끊임없이 의심한다. 모는 일에 구체적인 해명을 요구하지만, 막상 설명을 해도 믿지 않는다. 그런 과정에서 우리의 감정은 많이 혹사당한다. 그러니 오해가 특기인 사람들과는 어울리지 않는 것이 최선이다.

"천국은 오해하지 않는 사람들이 모여 사는 곳"이라는 말이 있다. 그곳은 오해 무균자들이 사는 청정 지역이다. 그들은 다른 사람들의 선의를 믿고 사람들의 실수에 관대하다. 그들은 다른 사람을 헐뜯는 이야기에는 관심이 없다. 그러므로 순간순간 자기 행동에 몰입하게 된다.

하지만 오해가 습관인 사람들은 매사에 부정적이고 적대적이다. 대인관계의 폭도 좁다. 어찌 보면 불행한 사람들이다. 항상 마음속에 불신이 큰 공간을 차지하고 있어 행복이 차지할 공간이 없다.

심리학적 측면에서는 행복한 사람이 타인의 평가에 상대적으로 관대하다고 한다. 이들은 만약 누가 도움을 요청하면 그 사람에게 필요한 상황이라고 여긴다. 반면 행복하지 않은 사람은 자신을 호구로 생각한다고 오해한다.

결국 행복감이 낮은 사람들은 일상적인 오해 때문에 주변에 사람이 없어 고립된다. 그러므로 대인관계에서 상대가 습관적으로 오해하는 사람이라면 마음 아파할 이유가 없다. 그는 스스로 불행한 삶을 선택한 것이기 때문이다. 따라서 오해가 습관인 사람들은 피하고 보는 것이 좋고, 그런 사람들로 인해 상처받지 않도록 우리 마음을 다잡아야 한다. 또한 오해하지 않는 사람들, 마음이 풍요로운 사람들과의 만남을 자주 가지자. 주변에 그런 사람들이 많아지면 우리는 살아가는 기쁨을 맛볼 수 있을 것이다.

우리 인생은 차를 운전하는 것에 비유할 수 있다. 우리는 가고 싶은 곳을 주체적으로 가는 운전자가 될지, 다른 운전자가 몰고 가는 곳으로 강제로 끌려가는 승객이 될지 스스로 정해야 한다. 그래야만 일상적으로 발생하는 상황의 노예가 되지 않고 내 삶을 주도적으로 살 수 있다.

아울러 내 인생의 진짜 주인이 되려면 '생각에 대한 생각', 즉 메타인지(metacognition)를 의식할 필요가 있다. 수시로 나의 생각을 들여다봐야 한다. 그래야만 내 삶의 진정한 지휘관이 될 수 있다. 특히 부모인 우리들은 수시로 자신에게 질문하는 연습을 해야 한다.

이것이 내가 진정으로 바랐던 인생인가?
우리 아이들은 어떤 인생을 살아야 할까?

마이크로소프트사의 소프트기획 설계자이자 명상 전문가로 유명한 킴킴(Kim Kim)은 인공지능 시대에 자기 주도적 삶을 살기 위한 방법을 수학 용어인 'f(x)'로 설명했다. f는 함수이고 x는 항상 변하는 수인 변수다. 예를 들어 x가 소주라면 f는 소주잔이다. 서민의 술인 소주는 건배를 할 때마다 없어진다. 그런데 소주잔은 우리가 아무리 반복적으로 건배를 해도 그 존재가 사라지지 않는다. 항상 그 자리에 머물러 있다. 우리는 '소주의 삶'을 선택할 수도 '소주잔의 삶'을 선택할 수도 있다.

만약 내 삶의 중심이 소주에 있다면 건배를 할 때마다 조금씩 소멸할 것이다. 그런데 무게중심이 소주잔에 있다면 아무리 마셔도 결코 사라지지 않는다. 요즘 유행하는 '마음 챙김' 같은 명상도 삶의 무게중심을 다른 사람에게서 나에게로 가져오는 것이다. 우리는 아이를 키우는 부모이기에 더욱더 세상에 흔들리지 않는 나만의 가치나 철학을 통해 중심을 잡아야 한다.

그런 의미에서 오늘부터라도 우리의 인생을 소주의 삶에서 소주잔의 삶으로 의식적으로 옮겨보는 것은 어떨까?

코로나블루, 행복한 가정을 위한 하루 한 문장

나의 감정을 타인에게 허락하지 않는다.

20

친구

- 당신의 친구가 당신의 인생이다

우리 딸은 중학생이 되어 예쁜 교복을 받고도 정작 학교에 정상적으로 등교하지 못하고 지루한 나날을 보내고 있다. 모든 게 코로나19 때문이다. 내게도 교복 입고 학교를 다녔던 학창 시절이 있었다. 우리의 중고등학교 시절을 곰곰이 떠올려보면 아마도 베스트 프렌드 운운하며 친구 몇몇이 모여 세상을 다 가진 듯 살았던 과거가 생각날 것이다. 나 역시 바쁜 일상에 친구들과의 추억을 잊어버린 지 오래지만 영화나 드라마에서 우정을 다룬 내용을 볼 때면 나의 학창 시절이 떠올라 피식 웃음이 나온다.

예전에 '명품 인생 감별 방법'이라는 신문 기사를 본 적이 있다. 명품 인생을 검증받기 위한 미션은 "한밤중에 갑자기 찾아가서 라면을 끓여달라고 할 수 있는 친구가 있는가?"였다. 있다면 훌륭한 인생을 이미 살고 있는 것이라고.

곰곰이 생각해보니 내게도 그런 친구가 있다. 한 명은 확실한 것 같은데, 나머지는 장담하지 못하겠다. 어쨌든 다행이다. 한 명은 있으니까. 그 상황을 머릿속에 한번 그려보자.

한밤중에 약속도 없이 친구가 찾아와서 내뱉는 첫 마디가 "라면 있니?"다. 친구가 이렇게 묻는 것은 라면을 살 돈이 없어서도 아니고 허기져서도 아닐 것이다. 이럴 때 굳이 이유를 묻지 않고 '뭔가 힘든 일이 있나 보다' 하는 마음에 금방 라면을 끓여 내놓는 친구가 있다면, 그 사람이 살아온 인생은 명품이다. 그리고 그 친구와 함께 보낼 남은 인생 또한 즐거울 것이다. 라면 면발 사이로 오가는 서로의 눈길만으로 이미 위로를 받았을 것이다.

만약 우리에게도 이렇게 한밤중에 친구가 찾아온다면 따뜻한 라면과 함께 술도 한잔 같이 하자. 너무 달리지만 말고 힘들면 천천히 가라고 위로하며…….

만약 한밤중에 찾아갈 친구가 없다면 아쉬운 대로 배우자는 어떨까? 조금 아쉽긴 하지만 오히려 '현명한 선택'이 될 수 있다. 부부가 라면을 끓여 나눠 먹는다든지 가볍게 한잔하며 평소 하고 싶었던 말을 주고받는다면 그 자체로도 아름다운 풍경이 될 것이다.

보통 우리에게는 중학생 때 '찐' 친구가 생긴다. 학업 스트레스와 이성 친구 고민 등을 함께할 친구다. 내 경우도 지금 가장 친하게 지내는 친구들이 중학교 때부터 쭉 알고 지낸 녀석들이다. 대학교 때나 직장에서는 특별히 친한 친구를 사귀지 못한 것 같다. 성인이 되어 만난 친구는 무엇인가 목적을 위해 만났기 때문이 아닌가 싶다. 반면 학창 시절에 만난 친구들은 허물없이 순수한 시기에 만났기 때문에 아무렇지도 않게 나의 약점까지 편하게 꺼내놓을 수 있다. 나아가 나의 눈물까지도 보여줄 수 있는 친구들은 소중한 자산임에 틀림없다.

사실 결혼을 하고 나서는 학창 시절보다 만나는 횟수도 줄고, 아이에게 집중하게 되면서 자연스럽게 소원해지기도 한다. 하지만 아이를 키우고 있는 부모로서 중요한 것은 친구의 숫자나 만남의 빈도가 아니라 우정의 밀도라고 생각한다. 자신의 마음을 잘 알아주는 진짜 친구가 필요하다.

나도 평소에는 바쁘다는 핑계로 친구에게 연락을 자주 하지 못하지만, 삶이 버거울 때나 술 한잔하고 난 뒤에는 외로움에 전화를 걸곤 한다. 당신의 휴대폰 연락처에는 몇 명이 저장되어 있는가? 굳이 말하지 않아도 내 마음을 알아주는 진짜 친구가 있는가? 그런 친구가 꼭 많을 필요도 없다. 그저 내 마음을 알아주는 단 한 사람이면 충분하다. 그 친구만 생각하면 함께한 추억으로 기분이 좋아지는, 그런 한 사람이면 족할 것이다. 자신의 휴대폰 연락처나 카카오톡 친구 채팅방을 보며 한번 확인해보자.

살아오는 동안 유유상종이라고 비슷한 사람들끼리 뭉치는

것을 많이 봤다. 예를 들어 담배를 좋아하는 사람 주변에는 흡연자가 많다. 명품을 좋아하는 사람 근처에는 명품을 좋아하는 친구들이 있고, 또 바람피우는 사람 주변에는 바람피우는 사람들이 많다. 나는 자신의 소박한 꿈을 이야기하고 공감하는 사람들이 좋다.

사회생활을 하다 보면 정말 불쌍한 사람들을 만날 때가 있다. 가장 한심한 사람들은 자신이 누구와 안다고 내세우거나 자기의 친척이나 지인 중 성공한 사람, 힘 있는 사람을 일일이 거론하며 반복적으로 자랑하는 사람이다. 참고 듣다가 한계가 오면 "당신의 인생은 없습니까?" 하고 묻고 싶어진다. 그런 사람들의 이름 뒤에 자신을 빛나게 하고 싶겠지만 그럴수록 자신이 점점 없어진다는 걸 모르는 것 같아 안타깝기만 하다. 사실 그런 사람들의 공통점은 자존감이 결여되어 있다는 것이다.

100세 시대를 살아가는 요즘, 힘든 인생을 의미 있게 살아가려면 때로는 배우자와 아이라는 울타리를 벗어나 나의 소소한 일상이나 고민을 들어줄 친구가 필요하다. 우리 아이들이 교우 관계에 목매듯 우리도 때로는 부모이기 전에 누구의 친구이기 때문이다.

마라톤에서 함께 달려줄 러닝메이트가 있어야 하듯 우리에게는 누구나 가족 외에 내 마음을 알아줄 친구가 필요하다. 나이가 많고 적고는 상관이 없다. 꼭 학창 시절 친구가 아니어도 좋다. 사회생활을 하다가 만난 친구여도 좋다.

어떤 이는 "친한 친구 열 명만 있으면 억대 연봉자의 행복감을 느낄 수 있다"고 하는데, 사회생활과 가정생활로 하루하루 바쁜 일상을 사는 우리에게 열 명은 좀 과하다 싶기도 하다. 그냥 힘들 때 찾아가 라면을 끓여달라고 말할 수 있는 친구, 소주 한잔하자고 하면 나와줄 친구 한 명만 있다면 우리의 인생은 한결 따뜻해질 것이다.

코로나블루, 행복한 가정을 위한 하루 한 문장

평소 마음 맞는 친구가 있다면 SNS가 아니라 정기적인 만남을 가진다.

21

공감

- 영어 단어를 외우는 것보다 다른 사람의 아픔을 읽는 게 더 중요하다

몇 년 전 해외에서 발표된 보고서에 따르면 고독으로 인해 고통을 겪는 사람이 영국에만 900만 명이 있다고 한다. 또한 외로움은 매일 담배 15개비를 피는 것만큼 몸에 안 좋다고 한다. 그래서 당시 영국 총리였던 테레사 메이는 외로움 담당 장관을 임명했다. 외로움 담당 장관은 외로움 관련 전략을 수립하고 통계화하는 작업과 관련해서 외로움으로 힘들어하는 사람들을 사회단체와 연결하고 지원하는 업무를 수행했다.

그렇다면 우리나라는 어떨까? 초연결 사회지만 외롭다는 사람들이 많다. 우리는 스마트폰을 몇 번만 클릭하면 모든 사람과 연결되는 사회에 살고 있으며, 기본적인 의식주 문제 외에도 모든 것이 전보다 더 나아졌다고 한다. 그런데 왜 사람들은 더 불행하다고 느끼는 것일까?

보통 사람들은 자기 몸이 아파 봐야 다른 사람의 아픔을 더 잘 이해한다. 또한 몸을 챙기지 않고 일에 집중하다가 몸과 마

음에 문제가 생기면 그제야 비로소 멈추고 뒤를 돌아보게 된다. 내 인생이 지금 어디에 와 있으며, 앞으로 어떻게 살아야 할지 점검하게 되는 것이다. 그리고 몸과 마음이 아프지 않았던 때를 감사하게 된다. 예전에는 무심코 지나쳤는데 그때가 행복했다는 것을 비로소 깨닫는다. 어찌 보면 살면서 겪는 몸과 마음의 아픔이 우리를 한층 더 성숙시키는 것 같다.

'자비'를 뜻하는 영어 단어 '컴패션(compassion)'은 '함께 아파한다'는 뜻이라고 한다. 내가 아플 때 누군가가 나와 함께 아파준다면 고통이 줄어들고 다시 일어설 용기도 얻게 된다. "너도 나처럼 아프구나", "너와 내가 다르지 않구나", "앞으로 내가 더 자주 들여다볼게" 하며 깨닫는 마음이 진정한 공감이고 자비일 것이다.

우리나라 사람들을 보면 대부분 말하는 사람, 듣는 사람이 따로 있다. 사회에서는 상사가, 집에서는 부모가 일방적으로 말을 한다. 그러다 보니 직장에서는 젊은 직원이, 가정에서는 아이들이 마음의 병을 얻기 쉽다. 지위가 높든 낮든 나이가 많든 적든 상관없이 사람이라면 누구나 인정받고 존중받기를 원하는 것이 인지상정이다. 다른 사람이 나의 이야기를 진심으로 경청해줄 때 외로움도 줄어들고 에너지도 상승한다.

사실 공감의 기본은 경청이다. 또한 공감을 잘하려면 상대방에 대한 관심이 있어야 한다. 하나라도 더 주고 싶은 마음, 잘됐으면 좋겠다는 마음이 있으면 그 향기가 다른 사람에게 자연스럽게 전달되기 때문이다.

부모의 입장에서는 우리 아이들이 다른 사람을 헤아리고 도와주려는 마음을 가질 수 있도록 교육하는 것이 중요하다. SNS 등으로 소통할 수 있는 방법은 늘어났지만 왕따, 은따(은근히 왕따) 등 사회적 문제를 야기하는 요소가 곳곳에 도사리고 있기 때문이다. 여기서 더 중요한 점은 우리 아이가 피해자가 될 수도 있지만 가해자가 될 수도 있다는 것이다.

교육부가 발표한 '2018년 1차 학교폭력 실태조사'에서는 학교폭력을 목격한 10명 중 3명(31%)이 "모른 척했다"고 답한 것으로 나와 우리 사회에 충격을 안겨주었다. 2015~2017년 조사에서는 "모른 척한다"가 20% 안팎이었으니 이 결과는 11%포인트 더 높아진 수치다. 우리 아이들이 학교폭력을 보고도 모른 척한다는 것은 심각한 문제인 동시에 우리 부모들의 양육 방식을 되돌아보게 하는 문제다.

한때 초등학생들 사이에서 '왕따놀이'가 유행했다. 친구 중 한 명을 "넌 이제 왕따야" 하고 지목하면 나머지 친구들이 합심해 그 친구를 괴롭히는 놀이다. 이때 동조하지 않는 아이는 다음 왕따 타깃이 된다고 한다. 그렇게 우리 아이들이 소외시킨 왕따는 결국 스스로 목숨을 끊거나 남을 죽이는 '묻지 마 살인자'가 될 수도 있다.

"나를 이렇게 만든 사회가 원망스럽다."

이는 흉악한 범죄를 저지른 사람들이 체포되고 나서 공통적으로 털어놓는 말이다. 과연 무엇이 잘못되었을까? 학생들의 왕따놀이, 소꿉놀이 같은 것이 나비효과를 일으켜 다시 우리 사회에 깊이 스며들 것이다. 이를테면 가위바위보를 해서 이긴 사람이 잠자리 날개를 하나씩 떼는 놀이를 하는 아이들을 떠올려보라.

이제 우리 부모들에게 숙제가 생겼다. 삶이 아무리 바빠도 내 아이는 물론 주위를 의식적으로 돌아보아야 한다. 소외된 아이나 어른이 없는지 진심을 다해 살펴야 한다. 그리고 내 아이가 학교폭력의 피해자가 될 수 있다고만 예측해서는 안 된다. 오히려 학교폭력의 가해자가 되어 어딘가에서 잠자리 날개를 하나씩 떼며 누군가를 위험으로 몰고 갈 수도 있기 때문이다.

오늘부터라도 우리 아이들에게 설명해주자. 환경이 바뀌면 누구나 왕따가 될 수 있으니 왕따는 남의 문제가 아니라고. 다른 사람의 아픔을 읽을 줄 아는 것이 영어 단어를 외우는 것보다 훨씬 더 중요하다고.

코로나블루, 행복한 가정을 위한 하루 한 문장

우리 주변에 몸과 마음이 아픈 사람이 없는지 돌아본다.

22

긍정

- 매 순간 긍정적으로 생각하고 감사하며 산다

긍정적인 사고로 뇌를 채우지 않으면…

누군가가 자신의 뇌를

긍정적이고 창조적인 생각을

표출하는 데 사용하지 않을 경우,

자연은 부정적인 생각을 떠올리도록 유도해서

그의 뇌 공간을 채워 넣는다네.

- 나폴레온 힐(Napoleon Hill), 《결국 당신은 이길 것이다》 중에서

어느 신문에서 본 글인데, 글쓴이의 딸이 해외여행을 다녀왔다고 한다. 글쓴이가 여행은 즐거웠느냐고 물으니, 딸은 "여행 중에 나 자신이 얼마나 행복한가를 깨달았다"고 대답했다. 자신이 두 발로 걸어 다닐 수 있고, 이렇게 아름다운 자연을 감상할 수 있어 정말 감사했다는 것이다. 어린 딸의 말에 글

쓴이는 큰 교훈을 얻었다고 한다.

어찌 보면 평범한 감상일 수도 있다. 하지만 우리는 바쁜 일상에 파묻혀 소소한 감사를 잊고 사는 것 같다.

> 내일 갑자기 장님이 될 사람처럼 여러분의 눈을 사용하십시오. 소리를 갑자기 못 듣고, 말을 갑자기 못할 것 같은 마음의 자세로 살아가십시오.

앞을 못 보고, 말을 하지도 듣지도 못하는 자신의 신체적 결함을 원망하는 대신 이를 극복하고 평생 감사의 삶을 살았던 헬렌 켈러(Helen Keller)의 수필집 《사흘만 볼 수 있다면》에 있는 구절이다. 헬렌 켈러는 행복하지 않은 날이 단 하루도 없었다고 회상했다. 그녀는 어떻게 고난을 긍정적으로 극복하고 이런 글을 남겼을까?

헬렌 켈러에 비하면 우리는 감사할 일로 가득한 삶을 살고 있다. 우리는 다른 사람에게 의지하지 않아도 스스로 먹고 입고 할 수 있지 않은가. 그런데 많은 사람이 자신이 가진 것에 만족하지 못해 일상의 행복을 발견하지 못하는 것 같다.

사람들은 행복의 조건을 성공의 조건과 동일하게 생각하는 경향이 있다. 그 조건은 다른 사람과 비교하는 것이므로 죽을 때까지 달성하지 못할 수도 있다. 이때 자신의 눈높이를 조금만 낮춘다면 삶이 얼마나 행복한지 알 수 있을 것이다.

행복지수를 계산하는 법은 간단하다. 즉, 가지고 있는 것을 가지고 싶은 것으로 나눈 결과다. 결국 행복지수를 높이려면 자신이 가지고 싶은 것보다 많이 가져야 하는데 그런 경우는 매우 희박하다. 따라서 자신의 삶에 만족하려면 기대치를 낮추는 것이 오히려 현명하다.

우리는 대한민국이라는 세상에서 아주 밀도 높게 살며, 지나치게 다른 사람과 비교하며 살고 있다. 불행하고 싶지 않다면 바쁜 일상 속에서도 내가 가진 것이 얼마나 많은지 수시로 생각해보는 노력이 필요하다.

80대의 신경정신과 의사 이시형 박사는 아침 명상으로 하루를 시작한다고 한다. 그는 매일 자신의 발을 주무르며 "수고했다", "고맙다", "조심할게", "잘 부탁해" 하고 감사의 말을 전한다. 하루 종일 발이 가장 고생을 많이 하기 때문에 그러는 거라고 한다. 그렇게 늘 감사하며 시작하는 하루는 남과 다를 것이다.

이 박사는 특히 《홍당무》로 유명한 프랑스 소설가 쥘 르나르(Jules Renard)의 글을 좋아한다고 한다. 쥘 르나르는 매일 아침 눈을 뜨면 이렇게 묵상했다고 한다.

눈이 보인다.
귀가 즐겁다.

몸이 움직인다.

기분도 괜찮다.

고맙다.

인생은 참 아름답다.

이 박사는 이렇게 말한다.

"명상을 하면 행복과 사랑의 뇌 신경물질이 많이 분비됩니다. 세로토닌과 옥시토신이 그것입니다. 생활 습관을 개선하는 데는 '마음 습관'이 가장 중요하죠. 한국인은 세로토닌이 부족해서 여러 사회병리적 문제가 생긴다고 볼 수 있습니다."

그는 이에 대한 연구를 바탕으로 그동안 실체가 없다고 여겨지던 '화병'을 세계적 정신의학 용어로 등재시킨 인물이다. 미국 정신의학회는 화병을 우리나라 발음대로 'hwabyung'으로 표기하고 있다.

'희망+절망=100'이라는 말이 있다. 희망과 절망은 결국 저울의 두 추와 같아서 한쪽이 내려가면 다른 쪽은 자연스럽게 올라간다. 절망이 점점 커져 100이 되는 순간 희망은 0이 된다. 그리고 그 순간 사람들은 안타깝게도 극단적 선택을 하고 만다.

만인의 부러움을 받던 유명인의 안타까운 선택에서 보듯

사람은 돈의 많고 적음, 인기의 많고 적음보다는 희망에 좌우된다. 미래에 대한 희망이 없어질 때 삶의 마지막을 생각하게 되는 것이다.

이제 우리는 아무리 힘들어도 희망과 절망이 최소한 70 대 30의 비율이 될 수 있게 의식적으로 연습을 하자. 당장 오늘부터라도 아침에 눈을 뜨는 순간 새로운 하루를 만나게 된 것에, 더 나아가 나를 사랑해주는 소중한 가족이 있다는 것에 감사하는 습관을 가져보는 건 어떨까?

코로나블루, 행복한 가정을 위한 하루 한 문장

오늘은 내 남은 인생의 가장 젊은 날이다.

23

노인 vs 어른

- 노인이 아니라 어른의 삶을 산다

아이의 학년이 올라갈수록 나는 내가 나이를 먹고 있다는 것을 인식하곤 한다. 딸아이가 가끔 "아빠, 나 몇 반인지 아세요?" 하고 묻기 때문에 나는 학기 초에 몇 학년 몇 반인지 꼭 기억해둔다. 그래야 딸아이의 기습 질문에 당황하지 않고 답할 수 있다.

흘러가는 세월을 막을 장사는 없다. 인간이라면 자신의 의지와 상관없이 누구나 나이를 먹는다. 인간이 태어나 20대까지는 성장을 뜻하고, 부모가 되고 마흔을 넘기면 성숙을 거쳐 늙어간다. 인간이 늙기 시작했다는 것은 삶의 반환점을 돌았다는 것을 의미한다.

우리가 나이 든 사람을 가리킬 때 사용하는 용어는 '노인'과 '어른'이다. 노인과 어른은 언뜻 같은 말처럼 보이지만 사실은 다른 의미가 있다. 결론적으로 어른은 노인이 될 수 있지만 노인은 어른이 될 수 없다. 노인은 한마디로 자기 생각만 하는 사람이다. 주위 사람들이 자기 한 사람을 위해 존재한다고 생각한다.

세상을 살다 보면 나이만 많지 나잇값을 못하는 사람을 종종 만난다. 사람이 늙어 노인이 되면 그 사람으로 인해 주변 사람들까지 고통을 받는다. 결과적으로 노인의 삶을 사는 사람은 쓸쓸한 외톨이를 자처하게 된다. 반면 어른은 시간이 지날수록 다른 사람을 배려하는 사람이다. 남을 위해 기꺼이 그늘이 되어줄 준비가 되어 있다. 그래서 어른은 훗날 병석에 있어도 찾아오는 사람들의 마음까지 훈훈하게 해준다. 어른의 삶을 사는 이의 곁에 사람들이 자연스레 모이는 이유가 여기에 있다.

노인은 따로 노력이나 연습을 안 해도 시간이 지나면 저절로 되지만, 어른이 되려면 젊어서부터 자신을 의식적으로 가꾸어나가야 한다. 나이가 들어서도 유치하다는 말을 듣는 노인은 자기 나이를 훈장으로 여길 뿐 어른이 되려는 변화를 결코 시도하지 않는다. 나이 들어서 어른의 삶을 살려면 몸만 늙는 것이 아니라 마음도 함께 늙어야 한다. 젊은 날에는 이해하지 않았던 것을 이해하고, 포용하지 않았던 사람을 포용하며, 나누지 못했던 것을 나누는 관대함이 어른의 자산이기 때문이다.

어른과 노인을 쉽게 구분해주는 이야기가 있다.

옛날 어느 만석꾼 집에 신식 며느리가 새 식구로 들어왔다. 며느리는 시어머니가 곳간에서 필요한 사람 누구에게나 쌀을 퍼주는 것을 보고 깜짝 놀랐다. 머슴이든 동네 사람이든 먹고 살기 힘들다는 이야기를 들으면 시어머니는 아낌없이 쌀을 퍼주었다. 며느리는 그 모습을 보고 단단히 마음먹었다.

'시어머님은 살림을 알뜰하게 하시지 못하는구나. 곳간 열쇠가 내 손에 들어오면 나는 저런 식으로 식량을 허비하지 않을 거야.'

세월이 흘러 시어머니가 세상을 떠나고 며느리가 살림을 맡게 되었다. 경제권을 물려받은 며느리는 고등교육을 받은 사람답게 하루도 빠짐없이 가계부를 쓰며 시어머니와는 달리 절약하고 또 절약했다.

그런데 이상하게도 며느리가 경제권을 가진 이후로는 만석이 나오지 않았다. 며느리는 자신이 철저히 관리하면 수확이 더 많아질 것이라 생각했지만 결과는 오히려 그 반대였다.

젊은 며느리의 눈에는 시어머니의 씀씀이가 헤픈 것처럼 보였지만, 사실 시어머니는 한 집안의 어른일 뿐 아니라 나아가 마을의 큰 어른이었다. 자신의 소유를 기꺼이 나누었고, 마을 사람들이 힘들 때는 넉넉한 그늘이 되어주었다. 마을 사람들이 그 그늘 밑에서 서로 믿고 즐겁게 일했으니 해마다 만석이 나온 것은 당연한 결과였다.

이와는 달리 신식 며느리는 배운 사람답게 가계부는 꼼꼼히 썼지만 함께 사는 사람들에게 그늘이 되어주지는 못했다. 삶의 그늘이 없는 곳에서는 마을 인심도 인색해지게 마련이고, 그런 상황에서 만석이 나올 리 없었던 것이다.

이 이야기 속 시어머니와 며느리의 처신은 다른 사람의 마음까지 얻는 어른의 삶과 자기 것만 생각하는 꼬장꼬장한 노인의 삶을 극명하게 보여준다.

우리 사회는 고령사회로 접어든 지 이미 오래다. 이런 사회에서 자신만 생각하는 노인이 많으면 사회공동체가 허약해질 수밖에 없다. 반면 마음 넓은 어른이 많은 사회는 결속력도 강하고 사회 전반에 활력이 있을 것이다. 어른의 경륜은 그 어떤 신식 무기보다 강한 무기다.

그렇다고 현재 우리 사회에 어른이 없다고 남 탓만 해서는 안 된다. 우리부터 어른으로 살기로 마음먹고 덕을 쌓아나간다면 각박한 우리 사회에도 존경스러운 어른들이 많아질 것이다. 우리 부모 세대는 '칠포세대', 'N포세대'라고 자조하는 젊은 사람들을 위로하기는커녕 한편에서는 '열정페이'라는 이름으로 노동력을 착취하는 경우가 있다. '한강의 기적'이라는 옛 노래를 부르며 젊은이의 나약함을 훈계하는 어른에게 누가 공감하겠는가. 산업화 시대의 경제 호황기는 이미 지나간 과거일 뿐이다. 지금의 젊은 세대에게는 살아나가야 할 현재와 행복을 꿈꿀 수 있는 미래가 있다.

우리 부모들은 이제부터라도 다른 사람들의 마음을 이해하며 아이의 고민과 개성까지 품어주는 어른으로 살지, 자신만 생각하는 노인으로 살아갈지 선택해야 한다. 우리는 이미 경험을 통해 학교에 다닐 때는 지식이 필요하지만 사회에서는 그 지식에 내 생각을 입힌 지혜가 더 중요하다는 것을 잘 알고 있다. "구슬이 서 말이라도 꿰어야 보배다"라는 속담이 있듯 우리 아이들에게 그리고 젊은 세대에게 지식이 아닌 지혜의 폭을 넓힐 기회를 주어야 한다.

직장에도 어른과 노인에 상응하는 말이 있다. 바로 리더와 관리자다. 진정한 리더는 직원들을 꿈꾸게 만들고 그 꿈을 이룰 수 있도록 돕는 사람이다. 반면 관리자는 직원들이 성과를 내도록 독려하고 관리하며 상관에게 보고하는 일차원적 일을 하는 사람이다. 우리는 부모로서 사회인으로서 바쁜 일상 속에서도 리더로 살지 관리자로 살지 숙고할 필요가 있다.

오늘밤 자기 전에 한번 곰곰이 생각해보자. 내일부터 우리 아이는 물론 사회에서 만나는 후배들에게 어른으로 살 것인지, 노인으로 살 것인지…….

또한 당신은 가정과 사회에서 리더인가, 관리자인가? 선택은 오롯이 자신에게 달려 있다.

코로나블루, 행복한 가정을 위한 하루 한 문장

나이를 먹는다고 해서 모든 사람이 어른이 되는 것은 아니다.

24

정보

- 아침에 배달되는 신문이라는 진수성찬을 만나다

한동안 NIE(newspaper in education)라고 해서 아이들이 신문을 이용해 수업하는 방법이 우리나라에서 유행한 적이 있다. NIE는 1970년대에 미국·유럽에서 일어난 운동이다. 요즘은 과거보다 신문 구독률이 많이 줄었지만, 지금도 여전히 기업을 경영하고 책임지는 사람들은 신문에서 세상 살아가는 정보를 얻는다고 한다. 그들 중에는 아침에 신문을 집어 드는 것이 잘 차려진 정보의 진수성찬을 먹기 위해 숟가락을 드는 것처럼 두근거린다고 한 사람도 있다.

신문 마니아들은 신문 1면의 헤드라인 기사를 보며 그날 어떤 주제에 사람들의 관심이 가장 많이 쏠리는지 살펴본다. 그들은 인터넷이나 모바일에 밀려 신문이 점점 영향력을 잃어 가는 것을 아쉬워한다. 그들에게는 신문을 읽는 행위 자체가 미래에 대한 투자이자 적금이다.

최근 우리나라 성인의 신문 구독률은 14%로 나타났는데,

이는 1996년 조사 때 나온 69%와 비교하면 약 5분의 1 수준으로 급감한 수치다. 요즘에는 누구나 할 것 없이 신문보다 스마트폰 검색을 통해 신문을 보고 유튜브나 넷플릭스 등 친절한 영상 콘텐츠에 더 익숙하기 때문이다.

예전과는 달리 지하철에서도 신문이나 책을 읽는 사람을 찾아보기 힘들다. 다들 스마트폰에 눈을 고정한 채 초연결 사회 속에서 서핑을 하는 모습이다. 하지만 요즘처럼 4차 산업혁명이 진행 중인 시대에는 신문이 더 중요하다고 생각한다. 왜냐하면 온라인의 과잉 정보 속에서 신문이 우리를 대신해 어느 것이 유용한 정보인지 정제하는 역할을 해주기 때문이다. 특히 사람들은 자신이 듣고 싶은 이야기만 듣고 추종하는 경향이 있다. 그런데 신문을 읽다 보면 자신이 원하지 않는 글도 보게 되므로 편협적인 사고에서 벗어나 사회현상을 균형 있게 바라보는 통찰력이 생기게 된다.

매일 신문을 꼼꼼히 읽는다는 신달자 시인은 "모든 뉴스 매체 중에 신문이 가장 인간적인 것 같다"고 평가했다. 먼저 본 사람의 체온이 남아 있을 때 다른 사람이 이어서 읽을 수도 있고, 좋은 내용은 잠시 접어두었다가 다시 읽을 수 있기 때문이다.

"똑같은 기사여도 종이에 있는 것은 '읽는 것'이고, 스크린(모니터)에 있는 것은 '보는 것'이에요. 읽는 것은 따뜻하고 인간적이지만 보는 것은 차갑고 비인간적이죠. 이상하게 기계는 인간을 고립시키고 시야를 좁혀요. 신문 종이를 만지고 내용을 품다 보면 단순히 글자 이상의 의미로 다가옵니다."

김홍식 작가는 신문을 통해 평범한 이웃의 삶에서부터 전문가의 날카로운 사설까지 자기 앞에서 풍성하게 펼쳐진다고 말했다.

"신문마다 논조라는 게 있어요. 다양한 신문을 보며 그 관점의 차이를 알기만 해도 상당한 비판적 사고 능력이 생깁니다."

또한 학생을 가르치는 어느 대학 교수님도 이렇게 말한다.

"요즘 학생들은 신문을 읽지 않아서 세상 돌아가는 걸 잘 모르는 것 같아요. 예를 들어 한 신문사의 경우 기자가 300명쯤 될 겁니다. 연봉을 평균 5천만 원으로 치면 150억 원이에요. 그런 지성인들이 분석한 양질의 정보와 국내외 가치 있는 뉴스를 매일매일 집으로 배달해주는 겁니다. 저는 학생들에게 기사의 가치를 보라고 강조합니다."

최근의 조사에 따르면 북유럽의 덴마크와 스웨덴의 공무원 및 정치인의 청렴도가 세계에서 가장 높은 것으로 나타났다.

국제투명성기구(TI)에서 평가하는 부패인식지수가 10점 만점에 9.2~9.3점으로 나온 것이다. 그런데 이 나라들의 공통점은 세계에서 신문 구독률이 가장 높다는 것이다. 세계신문협회의 신문 구독률 조사에 따르면 스웨덴이 83%, 덴마크는 76%에 이른다. 반면 부패인식지수가 3.8점으로 하위권인 그리스는 공교롭게도 신문 구독률도 12%로 매우 낮게 나왔다. 한편에서는 신문을 읽는 인구가 많은 국가일수록 부정부패가 적다는 연구 결과도 나왔다.

미국의 힐러리 클린턴(Hillary Clinton) 전 국무장관은 "청소년 시절 신문을 정독한 덕분에 오늘의 내가 있다"고 말할 정도로 신문 읽기를 강조했다. 그녀는 신문을 읽으면 정보를 입체적으로 알 수 있다면서 세상에 어떤 이슈가 있고 사람들이 무엇에 관심이 있는지 알고 싶다면 신문을 읽으라고 말했다. 또 인터넷 검색은 내가 알고 싶은 것만 찾게 되어 편향성을 띠게 되며, 검색은 우리 아이들이 머리를 쓰지 않게 만들고 결국 창의력을 파괴시킨다고 지적했다.

최근 신문 관련 대회에서 수상한 한 학생은 '나의 사치스러운 사교육은 신문'이라는 글에서 "신문은 모든 과목을 담당하는 최고의 스승"이라고 말했다. 특히 "스스로 읽고 생각하게 하는 신문은 탁한 공기 속에 늦은 밤까지 있어야 하는 학원보다 엄청난 힘을 갖고 있다"고 했다.

예전에 신문의 날 표어 부문 대상에 '가장 좋은 석금, 신문 읽는 지금'이 선정된 적이 있다. 심사위원들은 이에 대해 세상을 넓고 깊게 이해하기 위해 보는 신문과 목돈을 만들기 위해 정기적으로 모으는 적금의 공통점을 잘 표현했다고 평가했다.

만약 신문을 읽는 것에 익숙지 않은 부모가 있다면 당장 관심이 가는 분야를 먼저 읽기를 권한다. 그런 다음 점차 정치, 사회, 경제, 스포츠, 과학, 문화 등 다양한 영역으로 시선을 확대하다 보면 종합적인 사고 능력을 갖출 수 있을 것이다. 우리 아이들과 함께 읽으면 금상첨화다. 아이들의 시선을 사로잡는 분야가 있다면 그쪽이 아이의 적성에 맞는 것이니 그 영역에 대해 아이와 함께 깊이 알아보는 것도 의미 있을 것이다.

"세상 돌아가는 것을 알아야 미래를 알 수 있다"는 말이 있다. 한동안 스마트폰에 밀려 잠시 잊고 있던 지식의 보고, 신문에 다시 시선을 돌리자. 세상과 나를 이어주는 다리이자 세상을 보는 눈인 신문을 통해 지식을 복리이자로 불려 몸과 마음이 모두 부자인 삶을 살아가는 것은 어떨까?

코로나블루, 행복한 가정을 위한 하루 한 문장

신문은 느리고 불편해도 친근한 사색의 길이다.

25

배움

- 평생 공부하는 즐거움을 누린다

요즘 아이들과 이야기를 나눠보면 아이들이 부모의 말을 잔소리로 받아들이는 경우가 많다는 것을 알 수 있다. 물론 기성세대로 자리매김한 우리 부모 세대는 아이들이 우리를 꼰대로 보는 것을 경계해야 한다. 그리고 항상 아이들과 대화가 가능한 부모가 되어야 한다. 그러려면 세상이 어떻게 흘러가는지, 아이들이 어디에 관심을 가지는지 수시로 점검해야 한다. 그런 의미에서 "21세기의 문맹자는 글을 읽을 줄 모르는 사람이 아니라 학습하고, 교정하고, 재학습하는 능력이 없는 사람"이라는 앨빈 토플러의 말을 상기할 필요가 있다.

특히 급격히 변화하는 지식 사회에서 배움을 멈추면 그 자체로 이미 늙은 사람이다. 반대로 끊임없이 배우는 사람은 늘 젊은 사람이다. 사람은 배우기를 멈추는 순간 늙기 시작하기 때문이다.

심리학자들은 자신의 일상을 성공적으로 변화시키기 위해

서는 결심만 할 게 아니라 환경을 바꿔야 한다고 말한다. 예를 들어 운동을 하고 싶다면 헬스장에 가야 한다. 운동을 유도하는 환경에 스스로를 노출시키기 위해서다. 행동을 자극하는 적절한 공간을 만나지 않으면 변화하기 힘든 것이다.

아이가 공부하기를 바라는 마음에 학교나 학원에 보내면서 정작 부모들은 어떤 공간으로 가지 않거나 집의 공간을 바꾸지 않는다면 자신의 의지를 과대평가하는 것이다. 책을 읽고 싶다면 도서관에 가거나 서점에 가야 한다. 집에서는 독서가 잘 안 된다면 집에서 나와 동네 카페라도 가는 것이 좋다. 독서 모임에 나간다면 금상첨화다.

자신의 행동을 변화시키는 네트워크에 들어가는 것도 좋다. 술을 줄이고 싶다면 술을 좋아하는 모임에는 나가지 말아야 한다. 특정 영역의 공부를 하고 싶다면 그 분야의 네트워크에 발을 깊숙이 들여놓아야 한다.

세계적으로 유명한 자기 계발의 상징 같은 존재가 있다. 1회 강연료로 2억 원을 받는 사람, 고등학교 중퇴자로서 세계적인 명강사가 되어 연간 25만 명에게 동기부여를 하는 사람, 브라이언 트레이시(Brian Tracy)다. 그는 세일즈 기법, 목표 및 시간 관리를 통해 연간 약 3억 달러의 매출을 기록하고 있다.

"당신에게 가장 큰 영향을 준 사람은 누구인가?"를 묻는 인터뷰에서 트레이시는 이렇게 말했다.

"한 명으로 꼬집어 말하긴 힘듭니다. 지금까지 6천 권의 서적을 정독하고 1천 편의 논문을 연구하고 수백 명의 사상가로부터 교훈을 받았습니다. 경영 분야에서는 피터 드러커한테 많이 배웠습니다. 그는 실용적인 사상가입니다. 나는 늦은 나이에 경영대학원(MBA)에 진학했는데, 입학 전부터 피터 드러커의 책들을 거의 다 연구했습니다. 재미있는 것은 피터가 단 한 개의 문장으로 설명하는 개념을 MBA 교수들은 몇 달에 걸쳐 가르치더군요. … 특히 우리 스스로 지속적으로 성장시켜야 합니다. 성장하지 않는다면 바로 퇴보하는 것을 의미합니다. 제자리에 있는 사람은 아무도 없습니다. 운동선수가 훈련을 멈추면 어떻게 될까요? 능력이 계속 남아 있을까요? 평소 숙련된 운동선수라도 72시간 뒤부터는 능력이 급격히 감소하기 시작합니다. 멘털 피트니스(mental fitness)도 같은 이치입니다. 평생 배우고자 하는 것이 곧 운동하는 것과 같습니다. 80 대 20 법칙을 연구한 한 연구자에 따르면 하위 80%의 사람들은 10년간 새로운 기술을 배우지 않는다고 합니다. 왜 그들의 수입이 낮은지 이해할 수 있겠지요."

《유영만의 청춘경영》에는 이런 내용이 나온다.

실력은 명사가 아니라 동사다. 계속 갈고 닦지 않으면 금방 녹이 슨다. 그래서 실력은 언제나 진행형이다. 지금 실력이 없다고 의기소침할 필요가 없다. 세상은 얼마 되지 않는 재주와 기교로 요리조리 머리를 굴리는 사람보다 작은 실천 속에서 장애물을 넘기 위해 애쓰는 사람에게 길을 내준다.

전 세계 인구의 0.2%에 불과한 유대인이 노벨상 수상자의 25%를 차지하는 것도 같은 맥락이다. 유대인들은 우리가 마치 신앙처럼 중시하는 학벌이나 학력(學歷)보다는 배우려는 노력, 즉 학력(學力)을 더 중시한다는 것을 기억하자. 아울러 미국의 자기 계발 전문가 찰리 트리멘더스 존스의 다음 말도 기억해두자.

"지금의 당신과 5년 뒤 당신의 차이는 그 기간 동안 만나는 사람들과 읽는 책에 달려 있다."

이처럼 평생 즐겁게 학습하는 것이 행복한 삶, 즐거운 인생에 가까이 가게 해준다는 평범한 진리를 우리는 잊지 말아야 한다. 오늘부터라도 아이들의 부모로서 내 인생의 주인공으로서 배움의 진정한 의미를 곰곰이 성찰해보자.

코로나블루, 행복한 가정을 위한 하루 한 문장

관심 있는 분야의 사람들이 모인 곳에 의도적으로 자신을 노출한다.

26

겸손

- 궁수는 화살이 빗나가면 자신을 돌아본다

요즘 아이들은 꼰대를 싫어한다고 한다. “나 때는 말이야~” 하고 고리타분한 이야기를 늘어놓는다면 직장에서뿐만 아니라 가정에서도 배우자나 아이들이 자신을 점점 피하게 될 것이다. 그리고 요즘 아이들은 과거처럼 권위 있고 무서운 부모보다는 때로는 친구처럼 때로는 스승처럼 말랑말랑한 부모를 좋아한다고 한다. 또한 자신의 부족한 부분에 대해서는 윗사람이 지적하든 아랫사람이 지적하든 상관없이 과감히 인정하는 겸손의 미덕을 지닌 어른들을 더 따른다고 한다.

궁수는 화살이 빗나가면 자신을 돌아보고 자기 안에서 문제를 찾는다. 화살을 명중시키지 못한 것은 결코 과녁 탓이 아니다. 제대로 맞히고 싶으면 실력을 쌓아야 한다.

- 길버트 알랜드(Gilbert Arland)

그런 의미에서 우리는 직장뿐만 아니라 가정에서 리더 역할을 하기도 한다. 《좋은 기업을 넘어 위대한 기업으로》의 저자 짐 콜린스(Jim Collins)는 "최고의 평가를 받는 리더는 공통적으로 겸손함과 불굴의 의지를 동시에 가지고 있다"고 지적했다. 그들은 겸손해서 자신을 내세우지 않지만 목표가 일단 정해지면 달려가는 불굴의 의지를 지니고 있었다.

글로벌 리더십 컨설팅회사 이곤젠더의 '조직문화에 대한 연구'에 따르면 밀레니얼 세대는 리더가 지녀야 할 필수 덕목으로 전략, 도덕성, 겸손 이 세 가지를 꼽았다. 특히 겸손은 최근 조직 내 밀레니얼 세대의 등장과 함께 리더가 가져야 할 중요 키워드로 떠오르고 있다.

우리는 종종 겸손함을 자신감 부족으로 오해하는 경우가 있다. 하지만 겸손이란 자신에 대한 객관적 인식, 배우려는 자세, 타인을 공정하게 평가하는 자세를 종합적으로 갖춘 것을 의미한다. 겸손한 리더는 자신의 야망을 다른 방식으로 성취한다. 자신의 승진, 즉 개인적 목적이 아니라 회사의 발전을 위해 욕심을 낸다. 공동체의 이익에 더 가치를 두는 것이다.

겸손한 사람은 자존감이 낮다는 것은 편견일 뿐이다. 그들은 단지 자기 자신을 내세울 필요성을 못 느낄 뿐이다. 그들은 자신의 장단점을 냉정하게 바라보며, 자신을 자랑할 시간에 타인의 가치에 집중한다. 이러한 특성으로 겸손한 리더는 결국에는 조직을 통합하고 혁신을 이끌어낸다.

우리나라는 전통적으로 카리스마를 갖춘 스타형 리더에 익숙하기 때문에 조직에서 겸손한 리더십의 중요성을 논하기에는 다소 어색한 면이 있다. 짐 콜린스는 능력이 비슷할 경우 겸손한 리더들로 구성된 팀이 다른 팀보다 조직에 더 많이 기여하고 더 큰 성과와 헌신을 가져왔다고 분석했다.

미국 프로야구팀 뉴욕 양키스는 경기복에 선수 이름을 넣지 않는 전통을 100년 넘게 지켜오고 있다. 개인보다 팀을 우선시하며 선수들의 겸손을 중요시하는 양키스의 이 전통은 선수들이 개인적으로 뛰어난 선수이기 이전에 모두 양키스팀의 일원이라는 가르침을 드러낸다. 또한 뉴욕 양키스 선수들에게는 수염도 긴 머리도 허용되지 않는다. 선수들은 수염과 머리카락이 길었더라도 양키스 소속이 되는 순간 수염을 깎고 머리카락을 정갈하게 다듬어야 한다.

1973년 조지 스타인브레너(George Steinbrenner)가 양키스를 인수할 때 그들은 과거의 영광만을 추억하는 하위권 팀이었다. 하지만 4년 만에 월드시리즈를 2연속 제패했으며, 양키스는 미국 전체 프로스포츠 구단 가운데서 22년 연속으로 최고 가치를 인정받고 있다.

스타인브레너는 양키스라는 최고 구단에 속한 선수들은 이에 걸맞은 태도와 예절을 지녀야 한다고 강조했다. "교도소도 이보다는 자유로울 것"이라며 일부 선수들이 반발했지만, 그는 "머리를 기르려면 구단에서 나가라"고 응수하며 결코 타협하지 않았다.

이와 비슷한 이야기는 스포츠계뿐만 아니라 고전에도 이미 많이 언급되었다. 노자도 이런 말을 했다.

> "자랑하지 말라. 스스로를 자랑하는 자는 공이 없고, 스스로를 칭찬하는 자는 오래가지 못한다. 이는 모두 발끝으로 오래 서 있으려는 것과 같다."

자신이 스스로 뽐내며 하는 자랑은 의미가 없다. 순금은 도금할 필요가 없다. 나를 낮추고 상대를 높이는 사람은 더 큰 존경을 받게 된다. 사람들은 공(功)을 주변 사람들에게 잘 돌리는 겸손한 사람과 일하기를 좋아한다.

미국 시인 랄프 왈도 에머슨은 "위대한 사람은 언제든 기꺼이 하찮은 곳에 설 용의가 있다"고 했다. 부모인 우리들이 사회와 가정에서 겸손한 리더가 되기 위해 누구에게나 배울 자세를 견주한다면 우리는 사회에서나 가정에서나 사랑받는 전문가, 부모로서 계속 성장할 수 있을 것이다.

코로나블루, 행복한 가정을 위한 하루 한 문장

'삼인행 필유아사(三人行 必有我師)', 도처에 선생이고 스승이다.

27

덕후

- 좋아하는 일로 돈을 버는 사람이 가장 행복한 사람이다

요즘 아이들은 개성이 뚜렷하다. 자신이 좋아하는 것과 싫어하는 것을 명확히 구분하고, 그것을 부모들에게도 강하게 주장한다. 그래서 기존 가치관에 익숙한 우리 부모 세대도 항상 아이들의 요구 사항을 받아들일 마음의 준비를 하고 있어야 한다.

우리가 단순히 생각하는 직업 안정성도 아이들에게는 구태로 보일 수 있다. 그러므로 "이렇게 살아야 해", "00대학, 00과에 가야 해"라고 아이들을 몰아붙이다가는 아이들의 원망을 듣기에 딱 좋은 시절에 살고 있다.

아이들 자신이 좋아하는 삶을 살 수 있도록 우리 부모들이 더 관찰하고 주의를 기울이는 것이 현명한 판단일 수 있다. 우리도 어린 시절 부모님의 말을 100% 수용하며 착하고 바르게만 산 것은 아니잖은가. 그러므로 우리 아이들이 진정 원하는 것이 무엇인지, 좋아하는 것이 무엇인지 같이 찾아주고 응

원해준다면 존경받는 부모로 살 수 있을 것이다.

우리는 그야말로 '덕후' 전성시대라 할 만한 세상에 살고 있다. 일본어 '오타쿠(otaku)'에서 비롯된 덕후라는 용어는 취미, 사물 등 한 분야에 집착하는 사람을 뜻한다. 과거에는 사회성 부족이라는 이미지가 강했던 반면, 요즘에는 특정 분야의 고급 정보를 지닌 신지식인으로 긍정적인 평가를 받고 있다. 자신의 취미를 위해 많은 비용을 지불하는 '덕질'에 대해서도 사회적으로 많이 관대해졌다.

예전에 우리가 대학 진학을 고민할 때는 주로 성적에 맞춰 갈지, 아니면 자신이 좋아하는 전공을 택할지가 기준이었다. 그런데 요즘 젊은 세대에게는 자신이 좋아하는 것과 생업이 같아지는 것, 즉 '덕업일치'된 일자리가 성공한 인생의 주요 기준이 됐다. 특히 덕업일치를 이룬 사람들은 자신의 일을 사랑하다 보니 노하우가 생기는 과정에서 자신의 일을 점점 더 좋아하게 되는 경우가 많다.

보통 성공한 사람들은 덕질처럼 한 가지 일을 최소 1만 시간 넘게 했다는 공통점이 있다고 한다. 1만 시간은 하루 3시간씩, 10년이 지나야 달성할 수 있는 시간이다. 물론 똑같이 1만 시간을 투자하고도 성공하는 사람이 있고 실패하는 사람이 있다. 성공한 사람은 스스로 자신 있는 분야에서 독창성을 결합해 끝까지 버틴다. 그렇게 실패에 개의치 않고 노력해서 하나의 목표를 이루면 또다시 새로운 도전 대상을 찾는다. 그런 의미에서 '1만 시간의 법칙'은 위대함에 이르기 위한 성장통이라 볼 수 있다. 반면 중간에 포기하는 경우 목표가 불분명한 사람이 많다. 이들은 사소한 성과에 쉽게 안주하고, 모르는 일이 있으면 두려워하며 과거의 경험에 의지한다.

결국 1만 시간의 법칙도 덕질과 비슷한 면이 있다. 우리는 자신이 좋아하는 일을 찾기 위해 때로는 평생을 방황하며 살아간다. 어떻게 보면 내가 좋아하는 일은 중력처럼 끌림의 연속이다. 스티브 잡스(Steve Jobs)도 "위대한 성취를 이루기 위한 유일한 방법은 그 일을 사랑하는 것"이라고 일의 소중함을 강조했다. 무슨 일이든지 자발적으로 하는 것이 중요하다는 의미다.

> 미국 시카고대학은 그들이 배출한 70명이 넘는 노벨상 수상자들에게 이렇게 물었다.
> "어떻게 하면 당신처럼 창조적 성과를 낼 수 있습니까?"
> 그들은 이구동성으로 한 가지 답을 했다. 과연 그 답은 뭘까?
> "좋아하는 일을 하십시오."
> - 이미도, 《똑똑한 식스팩》 중에서

자기 계발의 대가 브라이언 트레이시도 "당신이 너무나도 하고 싶은 일을 하기 시작하는 순간, 당신의 인생에서 '일'이라는 것은 더 이상 존재하지 않게 된다"고 말했다. 자신의 인생을 걸 만큼 좋아하는 일을 찾게 된다면, 지금의 일을 사랑하게 된다면 행복도 성공도 자연히 따라올 것이다.

어덕행덕('어차피 덕질할 거 행복하게 덕질하자'의 줄임말)이든 덕업일치든 내가 행복하면 된다. 나를 흥분시키는 일이 무엇인지 아는 것은 나를 제대로 아는 방법이기도 하다.

나를 열광시키는 무엇인가를 찾는 것은 행복으로 가는 지름길이다. 일단 우리 부모들부터 지금이라도 인생 2모작을 위해 덕업일치할 수 있는 것을 조금씩 고민하고 필요하다면 준비를 해나가는 것도 좋을 것이다. 어느 순간 사회에서 가정에서 소원함을 느끼며 홀로 설 날이 찾아올 수도 있기 때문이다. 그러니 나를 위해 그리고 우리 아이들을 위해 무엇을 할 수 있을지 고민하고, 필요에 따라서는 행동으로 옮겨보자.

결국 준비 없는 인생은 미래가 없다. 아무것도 하지 않으면 아무 일도 일어나지 않는다.

코로나블루, 행복한 가정을 위한 하루 한 문장

'좋아하는 일'과 '돈 버는 일'이 같아지는 날을 상상해본다.

4장 행복을 만나다

오늘 행복하지 않다면 영원히 행복할 수 없다

28

오늘

- 마음이 현재에 있어야 행복하다

부모인 우리들은 오늘도 이런저런 걱정을 머리에 이고 산다. 직장 문제, 아이 문제, 부동산 문제, 아이 학원 문제, 입시 문제 등에서 우리 부모들에게 슈퍼맨, 슈퍼우먼을 요구하는 사회다. 그리고 무엇보다 '예전에 이런 선택을 했으면 지금 내 삶이 더 나아졌을 텐데' 하고 지난날을 후회하거나 아직 일어나지 않은 불확실한 미래에 지나치게 몰입해 현재를 망치는 일도 비일비재하다. 개인의 삶을 벗어나 부모로서의 삶은 더욱더 우리를 옥죈다. 내가 잘해야 아이들도 잘될 수 있을 것이라는 걱정에 만점 엄마, 만점 아빠가 되기 위해 오늘도 여러 카페에서 정보를 찾아 헤매고 입시를 다루는 뉴스를 보며 밤잠을 설치기도 할 것이다.

행복하고 성공한 사람들은 다음 3가지를 갖추고 있다.

첫째, 과거에 감사하고,

둘째, 미래의 꿈을 꾸고,

셋째, 현재를 설레며 산다.

- 모치즈키 도시타카, 《내일을 바꾸는 3분 습관》 중에서

"행복한 사람은 지나온 삶에서 만족한 일만 기억하는 사람이며, 불행한 사람은 불만족한 일만 기억하는 사람"이라는 말이 있다. 그런 의미에서 심리학자들의 연구 결과를 보면 우리가 얼마나 비생산적인 걱정으로 삶을 낭비하는지 알 수 있다. 사람들이 하는 걱정의 40%는 실제로 일어나지 않을 일이고, 30%는 이미 지나간 일이며, 12%는 자기와 상관없는 일이고, 10%는 걸리지 않은 질병에 대한 것이라고 한다. 즉, 우리가 하는 걱정의 92%가 걱정할 필요가 없거나 걱정한다고 상황이 달라지지 않는 걱정인 것이다.

이런 걱정을 빼면 진짜 의미가 있는 걱정은 전체의 8%밖에 안 되며, 게다가 그중 4%는 사람들이 아무리 걱정해도 해결되지 않는 문제라고 한다. 그렇다면 진짜 걱정할 일은 4%밖에 안 된다는 얘기다. 결국 우리를 괴롭히는 걱정 중 25분의 1만 실제 걱정거리고 나머지는 사실 필요 없는 걱정거리인 것이다.

실제로 우리 삶을 돌아보면 너무 많은 시간을 후회하는 데 쓰고 있다. "그때 참을걸", "용서할걸", "열심히 할걸" 등 아쉬움을 토로할 때가 많다. 이런 걱정은 우리를 위축시키고 현재

일에 집중하지 못하게 만든다.

이런 상황을 알았다면 현재에 더 집중할 필요가 있다. 지금 내 앞에 있는 사람이 중요하다는 것을 깨우쳐야 한다. 지금 내가 듣고 있는 음악이, 마시고 있는 커피가 지금의 나를 행복하게 해준다는 것을 알아야 한다. 오늘부터라도 '지금'을 살아가야 한다.

영화 〈죽은 시인의 사회〉에서 유명해진 "카르페 디엠(Carpe diem)"은 우리나라에서 상영될 때 "현실을 즐겨라"로 번역됐지만, 영화의 원어 대사처럼 "오늘을 붙잡아라(Seize the day)"는 뜻이다. 같은 의미에서 "바보들은 오늘을 잡지 않고 내일만 걱정하는 사람"이라는 말도 있다. 그렇게 살다 보면 늘 걱정하는 내일이 곧 오늘이 되는 악순환이 반복될 것이다. 반면 오늘을 잡는 사람은 행복하다. 순간순간에 집중하고 오늘 최선을 다한다.

후회만 가득한 과거와 불안하기만 한 미래 때문에 지금을 망치지 마세요. 오늘을 살아가세요. 눈이 부시게. 당신은 그럴 자격이 있습니다.

JTBC 드라마 〈눈이 부시게〉의 내레이션이 시청자들의 심금을 울린 적이 있다. 제55회 백상예술대상 TV 부문 대상을 수상한 배우 김혜자는 모두에게 가슴 먹먹한 감동을 선사했던 드라마 엔딩 내레이션으로 수상 소감을 대신했다. 그는 〈눈이 부시게〉에서 갑자기 늙어버린 스물다섯 살 김혜자 역을 맡아 수십 년의 나이를 뛰어넘는 감동적 연기로 우리에게 삶의 소중함을 깨우쳐주었다.

결국 과거-현재-미래는 사람들이 만들어놓은 측정 도구일 뿐인데, 그 도구가 오히려 우리를 구속하곤 한다. 되돌릴 수 없는 '과거'에 괴로워하고 올지 모르는 '미래'를 걱정하며 '오늘'도 잠을 설친다. 그렇게 지금 존재하는 것은 '지금 여기'뿐인데 현재에 오롯이 집중하지 못하는 우를 범한다.

우리를 힘들게 하는 스트레스와 우울증도 여기에서 기인한다. 과거와 미래 때문에 지금을 포기하지 말라는 배우 김혜자의 대사는 대한민국 부모로 살아가는 우리에게 신선하게 다가온다.

"오늘을 살아가세요. 눈이 부시게."

코로나블루, 행복한 가정을 위한 하루 한 문장

마음이 현재에 있어야 행복하다.
과거에 있으면 후회하고, 미래에 있으면 불안하다.

29

건강

- 건강을 잃으면 모든 걸 잃는다

우리는 사회생활을 할수록 자녀의 학년이 올라갈수록 정신적·육체적으로 더 힘든 일을 경험하게 된다. 그렇기 때문에 평소 건강을 잘 관리해두어야 한다. 부모인 내가 아프면 배우자는 물론 아이들까지 정상적인 생활이 어렵기 때문이다. 그리고 건강은 하루라도 젊을 때부터 챙기는 것이 좋다.

특히 서구식 식단으로 인한 성인병을 예방하기 위해 평소에 좀 더 주의를 기울일 필요가 있다. 최근 연구 결과에 따르면 30대 후반에서 40대 직장인의 대사질환이 급격히 증가하고 있으며, 특히 남성의 건강에 빨간불이 켜졌다고 한다. 가랑비에 옷 젖듯이 일상의 잘못된 습관이 쌓이면 종국에 몸에 이상이 나타난다. 가장 먼저 이상 신호를 보내는 것이 간(肝)이다. 지방간은 간 무게의 5% 이상의 지방이 간에 침착된 상태로 결국 간의 대사능력이 떨어진다. 사람들이 만성피로에 시달리는 이유다.

지방간은 자칫 치명적인 결과를 불러올 수 있다. 의학 전문가들은 "지방간이 계속되면 간경화로 진행되고, 20년 이상 지나면 간암으로 발전할 가능성이 크다"고 말한다. 지방간의 대표적 원인은 술이다. 자주, 오래 마시는 우리나라의 술 문화는 지방간은 물론 당뇨병과 심혈관질환의 위험이 크다고 경고한다. 술과 관계없는 비알코올성 지방간의 경우는 복부비만과 흰 탄수화물(쌀밥, 밀가루)의 과다 섭취가 원인이다.

지방간 진단을 받았다면 커피나 탄산음료 등 당이 첨가된 음료를 줄여나가는 것이 좋다. 또한 술자리를 줄이고 남는 시간을 운동으로 전환해보자. 운동 시간을 따로 내기가 어려우면 일상에 불편함을 주는 것도 한 방법이다. 자가용 대신 대중교통을 이용하고 엘리베이터 대신 계단을 이용하는 식이다.

전문가들은 잠자리에 드는 시간을 한 시간만 앞당기는 것도 좋은 방법이라고 말한다. 늦게 잔다고 해서 뭔가 극적이고 생산적인 일이 일어나는 것은 아니다. 반면 수면 시간을 늘리면 일상에서 능률이 올라 더 많은 일을 할 수 있다. 전문가들은 또한 물을 충분히 마실 것을 권한다. 정수기 물보다는 미네랄이 많이 함유되어 있어 세포 안으로 흡수가 잘되는 생수를 추천한다.

우리나라 사람들은 평소 고기 섭취가 부족한 편이라고 한다. 한국인의 73%는 단백질 섭취가 필요하다는 연구 보고도 있다. 식물성 단백질은 흡수와 효율성이 떨어지므로 건강하게 살려면 평소에 과하지 않게 고기를 섭취해주어야 한다. 근육, 피부, 장기, 머리카락, 뇌의 원료가 되는 단백질이 부족하면 우리 몸의 모든 대사기능이 떨어지기 때문이다.

평소 장이 좋지 않거나 피부 트러블이 심한 편이라면 밀가루와 설탕을 줄여보자. 술과 담배만큼 몸에 안 좋은 것이 과도한 밀가루와 설탕 섭취라고 한다. 또한 영양제도 잘 선택해 섭취해주자. 어떤 영양제를 먹어야 할지 모르겠다면 일단 기본 영양제부터 먹는 것이 좋다. 기본 영양제는 종합 비타민·미네랄 영양제, 유산균, 오메가3를 뜻한다. 이 영양제 삼총사는 시간이 지나면 누구나 부족해지므로 평소에 섭취하는 것이 좋고, 그 외의 영양제는 필요에 따라 섭취하면 된다.

또한 건강을 위해서는 운동을 일상화해야 한다. 매일 최소 30분을 같은 시간에 걷는 것이 좋은데, 빨리 걷지 않아도 산책하듯 30분 정도 걸으면 충분하다. 운동은 아침이든 저녁이든 상관없이 일정한 시간에 규칙적으로 하는 것이 좋다. 그래야 몸이 익숙해지기 때문이다. 아울러 평소 신는 신발의 밑창이 닳았을 때는 자신에게 맞는 신발을 새로 사는 것이 좋다. 신발은 발을 보호해주는데, 신발이 변형되었다는 것은 이미 발을 보호하는 기능이 약해졌다는 것을 뜻하기 때문이다.

운동 외에도 필요한 것은 평소 나만을 위한 조용한 공간에서 자신을 위한 시간을 가지는 것이다. 최근에는 우울증, 공황장애를 겪는 사람들이 많은데, 순간순간 나를 돌아보고 점검해주면 힘든 세상과 맞서 싸울 에너지가 생길 것이다.

정신이 건강해야 육체도 건강하다. 긍정의 힘으로 세상을 살아가는 것이 우리 몸에도 좋다. 전문가들은 직장을 잃은 뒤 찾아오는 상실감이 급격한 노화 등 인체에 미치는 충격이 매우 크다고 말한다. 이러한 충격을 피하려면 자원봉사나 취미생활, 종교 활동 등을 통해 평소 사회와의 연결을 이어나가는 것이 중요하다. 혼자 있는 시간을 최소화하고 주변 사람들과 즐겁게 대화하는 네트워크를 유지하는 것이 좋다.

우리는 평소 쉽게 아프지 않은 사람을 보고 부러워한다. 그런 사람들은 대체로 에너지가 넘치고 혈색이 좋아 보이지만, 특히 긍정적인 사람들이 많다. 연구 결과에 따르면 낙관주의자들이 비관주의자들보다 오래 산다고 한다. 미국 메이요클리닉 연구팀이 30년 동안 447명을 추적 조사한 결과, 비관론자가 낙관론자보다 일찍 죽을 위험성이 50% 더 높다고 한다. "몸과 마음은 연결되어 있으며, 태도는 결과적으로 죽음에까지 영향을 미친다"는 것이다.

실제로 평소에 자주 웃으면 면역력에 중요한 작용을 하는 NK세포(natural killer cell)가 활성화된다. NK세포는 혈액 내 림프구의 일종으로 악성종양인 암세포나 바이러스에 감염된 세포를 파괴하고 죽이는 역할을 한다. 전문가들은 "내 몸은 평소 나와 대화하고 싶어서 종종 신호를 보낸다"고 말한다. 피곤한 때일 수도 스트레스를 받는 때일 수도 있다. 하지만 몸이 보내는 신호를 인지하지 못하거나 바쁘다는 핑계로 간과하면 건강이 한순간에 무너지기도 한다. 우리 몸이 말을 걸어올 때 무관심했던 데 대한 대가는 가혹하다는 것을 명심하자.

건강을 잃으면 모든 것을 잃는다. 부모인 우리는 자라나는 아이를 위해서라도 꼼꼼히 건강을 챙겨야 한다. 그런 의미에서 "몸이 하는 이야기는 항상 옳다"는 진리를 마음속 깊이 간직해두자.

코로나블루, 행복한 가정을 위한 하루 한 문장

평소 내 몸이 나에게 하는 말에 귀를 기울인다.

30

기준

- 세상이 만든 기준에 내 삶을 욱여넣지 않는다

넌 충분히 할 수 있어
사람들이 말했습니다
용기를 내야 해
사람들이 말했습니다
그래서 나는 용기를
내었습니다
용기를 내서 이렇게
말했습니다
'나는 못해요'

이 시에는 반전이 있다. 당연히 "열심히 노력해서, 용기를 내어서 기필코 제가 해내겠습니다"라는 이 시대의 미덕 같은 대답을 예상했으나 "나는 못해요"라는 솔직한 고백으로 끝난다는 점이다.

시인은 우리에게 묻는 것 같다. 피나는 노력을 통해 목표를 달성하는 것만이 정답이 아니라고. 자기는 하기 싫다고, 이 길이 아닌 것 같다고 말하는 것이 진정한 용기가 아니냐고.

지금 우리 부모 세대는 유교문화의 영향으로 부모님을 봉양하는 마지막 세대이자 우리 아이들에게 제사나 기존 전통적 가치관을 강요할 수 없는 유일한 세대라는 말이 있다. 사실 우리는 직장에서도 가정에서도 상사나 부모에게 복종하는 삶을 살아왔다. 때로는 내가 원하지 않더라도 나 개인의 희생을 통해 다른 사람을 배려하는 삶이 중요하다고 배워왔다.

그런 의미에서 행복한 사람들의 공통점 중 하나가 자기만의 삶의 기준을 가지고 있다는 것이라고 한다. 즉, 사람들은 남이 시킨 것이 아니라 내가 능동적으로 할 때 행복하다고 느낀다. 내가 가진 삶의 철학이 없다면 남들이 아무리 재미있는 일이라고 해도 힘들게 느껴진다. 하지만 많은 사람은 나를 버리고 다른 사람이 만들어놓은 기준대로 산다. "나는 못한다"고 용기 내어 말하지 못하기 때문이다. 옆 사람들을 보며 중요한 의사결정을 하는 우를 범하기 때문이다.

《어쩌다 한국인》을 쓴 허태균 교수는 우리나라 사람들이 행복해지려면 포기하는 법부터 배워야 한다고 말한다. 뭔가를 포기한다는 것은 아무것도 하지 않는다는 뜻이 아니라 나에게 잘 맞는 다른 일을 선택한다는 뜻이다.

하덕규의 노래 '가시나무'에는 "내 속엔 내가 너무도 많아 당신의 쉴 곳 없네"라는 가사가 나온다. 내 마음속에는 크게 두 가지의 나가 나온다. 하나는 내가 되고 싶어 하는 '나의 나', 다른 하나는 가족이나 주위 사람 등 우리 사회가 원하는 '남의 나'다. 사실 성인이 되어서도 내 인생에서 무엇이 되고 싶은지 모르는 경우가 있다. 특히 '남의 나'가 강할수록 자신의 정체성을 스스로가 아닌 다른 사람을 통해 세우려고 한다. 누구의 아들로, 누구의 배우자로, 누구의 부모로 자신의 정체성을 삼는 것이다.

이렇게 시간이 지나면 나 스스로 자신을 위해 사는 것이 아니라 다른 사람에게 내 행복을 맡기고, 인생의 어느 순간 후회하게 된다. 아이가 공부를 잘하느냐에 따라, 배우자의 사회적 지위에 따라 나의 행복이 결정된다. 그렇게 살다 보면 결국 나 스스로를 위한 삶을 살아본 경험이 없어 다른 사람에게 의존하게 된다. 물론 '남의 나'로 살 때 좋은 점도 있다. 가족이나 주변 사람들이 좋아할 가능성이 높다. 하지만 결국 우리가 나이 들면 언젠가는 '나의 나'를 찾게 된다.

박완서 작가는 노년의 삶을 이렇게 표현했다.

"나이가 드니 마음 놓고 고무줄 바지를 입을 수 있는 것처럼 나 편한 대로 헐렁하게 살 수 있어서 좋다. 하고 싶지 않은 것을 안 할 수 있어서 좋다. 다시 젊어지고 싶지 않다."

이렇게 사회의 기준 속 '남의 나'에 나를 밀어넣고 눈치만 보다 보면 결국 불행과 마주한 자신을 발견하게 된다. 스스로 내 삶의 철학에 따라 능동적으로 즐겁게 사는 것, 그 안에 진짜 행복이 숨어 있기 때문이다. 반면 남에게 인정받고 싶은 욕망이 강할수록 자신의 본래 모습을 버리고 다른 사람의 틀에 맞추게 된다. 물론 그런 내 모습이 더 편할 수도 있지만, 결국 맞지 않는 옷을 입고 있는 것 같은 불편함이 찾아올 것이다.

그런 의미에서 한동안 유행한 욜로(YOLO : '인생은 한 번뿐이다'를 뜻하는 You Only Live Once. 현재 자신의 행복을 가장 중시하고 소비하는 태도)나 휘게(Hygge : 아늑하고 기분 좋은 상태. 가까운 사람들과 함께하는 소박한 일상을 중시하는 덴마크와 노르웨이식 생활 방식)는 다분히 상업적인 유행어다. 하지만 이 단어들은 현대인에게 중요한 삶의 가치를 제시했다. '소확행'과 마찬가지로 행복에 대한 우리 사회의 기준을 바꾸었다. 경제적 성공보다 '내가 선택하고 만들어가는 삶'을 중시하는 문화가 본격적으로 우리 사회에 퍼지기 시작한 것이다.

효율과 경쟁에 지쳐 '남들이 생각하는 성공'이 아니라 '내가 느끼는 행복'의 가치를 찾아 나서는 것, 그것이 욜로와 휘게에 담긴 진짜 의미일 것이다. 특히 아이를 키우는 부모라면 다른 사람에게 휩쓸리지 않고 자기 주도적으로 사는 모습을 보여주어 우리 아이들에게 자연스럽게 물려주어야 한다.

특별히 큰 비용을 들여 세계 일주를 떠나지 않아도 좋다. 휘게 라이프를 위해 집 안을 북유럽풍 인테리어로 꾸미지 않아도 좋다. '타인이 중요하다고 생각하는 삶'이 아니라 '내가 판단하고 내가 만족하는 소소한 행복'을 누릴 준비만 되어 있다면 말이다.

코로나블루, 행복한 가정을 위한 하루 한 문장

남들의 부탁에 습관적으로 'yes'를 해왔다면 앞으로 'no'를 연습해보자.

31

잠

- 수면은 최소 하루 7시간 이상 취한다

최근 부모 아이 할 것 없이 짧아지는 평균 수면 시간이 비만 등 다양한 생활 습관 질환을 증가시키는 것으로 나타났다. 성인이든 학생이든 평소 하루 7~8시간 정도로 충분히 자는 것이 좋다. 세계보건기구(WHO)에서도 충분한 수면을 권장하고 있다.

하지만 우리는 잠의 중요성을 잘 알면서도 어른은 바쁜 일상으로, 아이들은 학교 진도와 학원 숙제로 인해 뒷전으로 밀리기 쉽다. 우리나라 사람들의 평균 수면 시간은 7시간 41분으로 2016년 경제협력개발기구(OECD) 회원국 중 일본(7시간 22분)에 이어 두 번째로 짧았다. OECD 평균이 8시간 22분이라는 점을 감안하면 41분이나 부족한 것이다.

사람은 평생의 30%를 자는 데 소비한다. 수면을 통해 하루 종일 쌓인 신체적·정신적 피로를 풀어야 한다. 수면을 정상적으로 취하지 못하면 면역력이 떨어지고 각종 질환에 걸릴 확률도 높아진다.

잠을 많이 못 자는 한국 사회에는 '5적(敵)'이 있다고 한다. 과도한 스트레스, 과중한 노동 시간, 긴 학습 시간, 늦은 시간까지 활동하는 사회적 분위기, 높은 스마트폰 보급률이다. 사교육과 공교육을 포함한 우리나라 학생들의 학습 시간은 세계 최고 수준이다. 직장인의 노동 시간도 마찬가지다. 주 40시간 근무제(초과근무까지 52시간)가 도입되면서 회사에 머무르는 절대시간은 줄었지만 업무량은 그대로여서 집에서 야근한다는 직장인도 적지 않다.

자정이 넘어도 불야성을 이루는 가게와 24시간 영업점 등 '올빼미족'을 위한 편리 서비스도 우리의 숙면을 방해한다. 특히 자기 직전 스마트폰을 보는 습관은 숙면과 눈 건강에 치명적이라고 전문가들은 말한다.

수면 부족은 우리 몸에 부채로 남는다. 이른바 '수면 부채(sleep debt)'다. 수면 부채가 일정 기간 누적되면 건강은 '파산'한다. 주말에 몰아서 자도 여전히 피곤한 것은 수면 부채가 남아 있기 때문이다. 수면 부족은 관상동맥질환, 당뇨, 비만 위험을 높이고 치매 등 주요 질환과도 밀접한 관련이 있다.

최근 우리나라의 수면장애 환자는 50만 명을 넘어섰고 꾸준히 증가세라고 한다. 흥미로운 것은 수면 시간이 너무 길어도 당뇨, 고혈압, 관상동맥질환, 치매 위험을 높인다는 사실이다. 그만큼 규칙적인 수면 시간을 유지하는 것이 중요하다.

하지만 우리의 현실은 녹록지 않다. 학생들도 직장인들도 "자고 싶어도 잘 시간이 없다"고 토로한다. 때로는 늦게 잠드는 부모의 생활 습관 때문에 아이들의 수면 시간까지 줄어들고 있다. 이런 만성적 수면 부족은 졸음운전 사고 등 우리 사회에 부정적인 영향을 미치기도 한다.

졸음이 올 때 우리가 취하는 노력은 모두 효과가 없다. 원인 해결이 중요하다. 적정 수면 시간을 확보할 수 없다면 짧은 시간만이라도 숙면을 취할 수 있게 주변 환경을 최대한 통제하고 낮에 잠시라도 재충전하는 시간을 만드는 것이 좋다. 스마트폰이나 컴퓨터의 '절전모드'처럼 우리 뇌가 에너지를 아낄 수 있는 시간을 줘야 한다.

수면이 부족하면 뼈 건강에도 부정적인 영향을 미친다고 한다. 특히 폐경기 여성에게는 더욱 문제가 된다. 최근 폐경 여성 1만 1,084명을 대상으로 실시한 미국 뉴욕주립대 버팔로의 연구 결과에 따르면 수면 시간이 하루 5시간 이하인 여성은 7시간 이상인 여성보다 골밀도가 1.37배 낮았고, 골다공증 위험도 1.94배 높았다. 우리나라 자생한방병원 척추관절연구소의 연구에서도 7~8시간의 정상 수면을 하는 여성에 비해 9시간 이상 수면하는 여성의 뇌졸중 유병률이 3배가량 높은 것으로 나타났다.

무엇보다 우리 몸의 생체리듬은 낮에는 활동하고 밤에는 안정적인 상태로 휴식을 취하게 하는 일종의 시계 역할을 한다는 것을 알아야 한다. 낮에는 활동을 돕는 호르몬이, 밤에는 휴식을 돕는 호르몬이 분비된다. 감정 조절 및 행복과 관련 있는 신경전달물질인 도파민, 세로토닌도 주로 낮에 분비된다. 하지만 밤에 스마트폰, 태블릿PC 빛에 노출되면 우리 몸은 낮이라고 착각한다. 그러면 낮과 밤의 호르몬 분비가 뒤섞여 감정 조절이 잘 안 되고, 그 결과 피로와 우울 증세를 야기한다. 고려대 정신건강의학과 이헌정 교수는 "스마트폰은 눈 바로 앞에서 인공 빛을 내뿜기 때문에 뇌에 강한 자극을 준다"며 "비교적 멀리 있는 TV보다 더 강력하게 생체리듬을 교란한다"고 말했다.

건강한 수면 습관을 위해서는 이와 같이 수면을 방해하는 요인들을 사전에 제거하려는 노력이 필요하다. 오늘부터라도 우리 부모들이 먼저 디지털 디바이스 사용 시간을 줄이는 것은 물론 효과적인 사용으로 아이들에게도 본보기가 되면 더할 나위 없이 좋을 것이다.

코로나블루, 행복한 가정을 위한 하루 한 문장

수면 방해 요인을 제거해 수면 환경을 개선하고 충분히 숙면을 취한다.

숙면을 위한 습관 10계명

- **한진규**(고려대 외래교수)

1. 항상 정해진 시간에 일어난다.
2. 오전부터 오후 2~3시까지 충분한 햇빛을 받기 위해 노력한다.
3. 야간 운동은 절대 금한다.
4. 무리하게 자려고 노력하지 말자. 잠이 안 오면 차라리 책을 읽어라.
5. 커피와 술은 삼간다.
6. 자기 6시간 전부터는 음식물 섭취를 금한다. 허기를 참을 수 없다면 가벼운 채소나 샐러드 또는 따뜻한 우유 한 잔 정도가 좋다.
7. 자기 2시간 전에 족욕 또는 반신욕을 한다.
8. 낮잠은 30분 이내가 적당하다.
9. 밤늦게까지 TV, 컴퓨터 앞에 앉아 있지 않는다.
10. 오늘 밤 잠이 안 오는 상황을 짜증 내지 말고 받아들여라. 내일 밤을 위한 저금이다.

32

우울

- 마음의 감기 우울증을 이겨낸다

요즘 우리나라에는 몸보다 마음이 더 아픈 사람들이 점점 많아지고 있다고 한다. '마음의 감기'라고 일컬어지는 우울증에 대한 이야기다. 과거에는 우울증을 정신병의 일환으로 여기며 언급하는 것조차 터부시하던 때가 있었다. 하지만 최근 들어서는 각종 언론이나 관련 서적을 통해 우울증을 자연스럽게 받아들이는 문화가 조성되고 있다.

미국의 '수영 황제' 마이클 펠프스(Michael Phelps)는 15세에 올림픽에 처음 출전한 이후 5차례의 올림픽에서 금메달 23개를 포함해 총 28개의 메달을 땄다. 이렇게 화려한 조명을 받았던 펠프스도 한때 자신의 우울증 경험을 고백하며 우울증 환자들을 적극 돕겠다는 의사를 밝혔다. 그는 '케네디 정신건강 포럼'에 연설자로 참석해 자신이 겪은 우울증의 고통을 이야기하며 수영 선수로 전성기를 달릴 때 "자살을 생각했다"고 고백했다.

2016년 기준 우리나라 성인 100명 중 5명은 평생 한 번 이상 우울증을 겪는다고 한다. 그만큼 우리 주변에 우울증 환자가 많다는 것이다. 그런데 이에 대한 우리의 시선은 여전히 부정적인 것 같다. 특히 우울증을 개인의 의지 문제로 몰아버리는 사회 분위기가 우울증 환자를 더 고통스럽게 하고 있다.

자신의 우울증 치료 과정을 고백한 책《죽고 싶지만 떡볶이는 먹고 싶어》의 백세희 작가는 "세상 사람들은 그냥 '마음 단단히 먹어라' 식의 가짜 위로를 던진다"고 꼬집었다. 그런 말보다는 "그럴 수도 있어", "무슨 일 있으면 꼭 전화해", "너는 아주 긴 터널을 지나고 있을 뿐이야" 같은 말이 큰 위로가 되었다고 한다.

가족과 지인들이 건네는 따뜻한 말 한마디가 우울증 환자에게는 큰 에너지가 된다. 간혹 개인의 의지만으로 우울증을 이겨낼 수 있다고 생각하는 사람들이 있는데, 가장 중요한 것은 빠른 상담과 꾸준한 치료다. 하지만 현실적으로는 거기까지 가기가 너무 힘들다. 무엇보다 주변의 관심과 진심 어린 이해가 필요하다. 일상에서 우울증을 '커밍아웃'하고 타인에게 자신의 아픔을 쉽게 내비칠 수 있는 사회문화가 조성되어야 한다.

백세희 작가는 "마음 아픈 사람들이 숨을 쉬듯 병원을 찾고, 마음의 상처도 신체 상처와 비슷한 무게로 여겨지는 날이 꼭 오면 좋겠다"고 했다. 우울증 환자에게 '정신병'이라는 주홍글씨를 남기지 말고 평범한 이웃처럼 자연스럽게 대해달라는 주문이다. 그리고 독자의 이런 댓글이 정답일 수 있다고 말했다.

> "저도 친구와 아내가 많이 도와줘서 극복했어요. 거창한 거 필요 없습니다. 그냥 하루에 한 번씩 어떻게 지내는지 문자 보내주고 얘기를 들어주기만 하면 돼요."

선진국에서는 우울증을 전 사회적 이슈로 받아들이고 정부가 앞장서서 치료를 권한다. 한때 '자살공화국'이라는 오명을 얻었던 핀란드는 1990년대 초반 우울증 조기 발견 및 치료를 사회문화로 조성하면서 위기를 극복해냈다. 핀란드 공영방송 YLE에 따르면 해마다 핀란드 국민 550만 명 중 7.4%가 우울증을 겪는다고 한다. 연 40만 명 이상이 항우울제 처방을 받고 있는데, 사용자의 50~70%가 우울증 환자이고 나머지는 불안장애나 불면증 등을 치료받는 것으로 나타났다. 이는 대부분의 사람들이 정신과 진료에 거부감이 없다는 의미다. 그 결과 1990년 인구 10만 명당 30명까지 치솟았던 핀란드 자살률은 2016년 13.8명으로 줄어들었다.

핀란드 정부는 우울증 치료를 위해 디지털 공간도 적극적으로 활용한다. 의료 접근성이 떨어지는 지방 환자 등을 고려해 운영 중인 '멘탈 허브' 포털도 그중 하나다. 멘탈 허브에서는 자신의 정신건강 상태를 체크하는 설문을 비롯해 자신과 가장 가까운 의료기관 정보, 온라인 치료 프로그램도 제공한다.

흔히 우울증을 '마음의 감기'라고 하는데, 사실 감기처럼 가볍게 넘겼다가는 더 큰 후유증을 낳게 된다. 우리나라에서는 아직도 의사 등 전문가에게 상담이나 치료를 받는 사람이 52.5%(우울증 등 기분장애 기준) 수준이라고 한다. 즉, 우울증 환자 절반은 혼자 마음속으로만 고민하고 주위에 도움을 청하지 못하고 있다는 뜻이다. 유명 인사가 먼저 자신의 우울증을 고백하고 치료를 공개적으로 권하는 미국의 경우와는 비교되는 상황이다.

우울증은 숨기면 숨길수록 우리의 일상을 무섭게 잠식해 들어간다. 여기에는 인식 부족과 사회적 편견 등의 문제가 작용한다. 보건복지부에 따르면 정신건강 서비스를 이용하지 않는 이유를 묻는 질문에 "그 정도 문제는 스스로 해결할 수 있다고 생각"(75.9%)한다는 응답이 가장 많았다. 또 "치료받는 것을 다른 사람이 알면 어떻게 생각할까 걱정"(30.5%)이라는 응답도 많았다.

이에 반해 외국 유명 인사들은 자신의 우울증을 고백하는 데 적극적이다. 브룩 실즈, 안젤리나 졸리, 브래드 피트 등 이름만 대도 알 만한 사람들이 자신의 경험을 대중에게 가감 없이 털어놓았다.

미국 가수 레이디 가가는 이렇게 밝혔다.

"평생 우울증과 불안감으로 고생했다. 하지만 내 슬픔이 나에게 위대했던 일들을 결코 파괴하지 못한다는 것을 배웠다. 내가 숨겨뒀던 한 가닥의 작은 빛을 찾아내서 다행이다."

레이디 가가는 자신이 설립한 비영리재단 '본 디스 웨이'를 통해 우울증을 겪는 젊은 환자들을 도우려고 노력한다.

영국 배우 엠마 톰슨도 이런 말을 했다.

"우울증은 환상적으로 흔하다. 사람들이 이야기하지 않아서 매우 많이 숨겨져 있을 뿐이다. 이제는 그 문제에 대해 논의해야 할 때라고 생각한다."

국내에서도 몇몇 스타들이 우울증과의 싸움을 공개했는데, 이와 같은 '셀럽'의 영향은 즉각적이고 크다. 김현경이 우울증 환자 26명의 경험을 엮어 내놓은 책《아무것도 할 수 있는》에서 '초롱이'(가명)라는 환자는 "TV에서 어떤 연예인이 나와서 자신이 공황장애를 앓았다며 증상과 그것을 극복한 이야기를 했는데 그 증상이 나와 같았다. 그래서 처음으로 병원을 찾게 됐다"고 고백했다. 그는 "같은 병을 가진 사람이 희망적인 말을 하면 나만 이런 게 아니구나 하면서 큰 심리적 위안을 얻는다"고 말했다.

WHO의 공공 정신건강 전문가인 마크 반 오머런 박사도 '마음의 감기'가 한국만의 문제는 아니라고 강조했다. 전 세계

3억 명 이상이 우울증을 겪는 것으로 추정하고 있다. 오머런 박사는 우울증 문제를 그대로 방치할 경우 개인과 사회 모두에 커다란 문제가 된다고 경고했다.

그는 "우울증을 무시하면 자신의 삶에 심각한 영향을 초래할 것"이라면서 "엄청난 고통을 일으키고 일상적 업무를 수행하기 어려워지며, 무단결근을 하게 될 수 있다. 가장 심한 경우 극단적 선택으로 이어질 수 있다"고 지적했다. 그리고 이를 피하려면 "우울증 증세가 있는 사람들이 건강관리 전문가(의사)에게 도움을 구하는 것이 매우 중요하다"고 말했다.

우리에게도 우울증이 어느 날 갑자기 찾아올 수 있다. 그럴 때는 부모인 우리들 스스로 내 가족을 위해 내 마음의 목소리를 빨리 알아차려야 한다. 그리고 혼자 삭이고 숨길 것이 아니라 하루빨리 병원을 찾아 치료를 받고 건강한 가정을 지켜내야 한다.

코로나블루, 행복한 가정을 위한 하루 한 문장

우울증은 누구에게나 올 수 있는 마음의 감기다. 의료 전문가의 도움을 받자.

나의 우울증 위험은 얼마? 스스로 진단해보세요.

지난 2주간, 얼마나 자주 다음과 같은 문제들로 곤란을 겪으셨습니까?
지난 2주 동안 아래와 같은 생각을 한 날을 헤아려 해당하는 숫자에 표시하세요.

지난 2주 동안에	없음	2~6일	7~12일	거의 매일
1. 기분이 가라앉거나, 우울하거나, 희망이 없다고 느꼈다.	0	1	2	3
2. 평소 하던 일에 대한 흥미가 없어지거나 즐거움을 느끼지 못했다.	0	1	2	3
3. 잠들기가 어렵거나 자주 깼다. 혹은 너무 많이 잤다.	0	1	2	3
4. 평소보다 식욕이 줄었다. 혹은 평소보다 많이 먹었다.	0	1	2	3
5. 다른 사람들이 눈치챌 정도로 평소보다 말과 행동이 느려졌다. 혹은 너무 안절부절못해서 가만히 앉아 있을 수 없었다.	0	1	2	3
6. 피곤하고 기운이 없었다.	0	1	2	3
7. 내가 잘못했거나, 실패했다는 생각이 들었다. 혹은 자신과 가족을 실망시켰다고 생각했다.	0	1	2	3
8. 신문을 읽거나 TV를 보는 것과 같은 일상적인 일에도 집중할 수가 없었다.	0	1	2	3
9. 차라리 죽는 것이 더 낫겠다고 생각했다. 혹은 자해할 생각을 했다.	0	1	2	3
각 칸별로 점수를 더해주세요.			총점 =	

총점에 따른 결과보기(1번부터 9번까지 더해주세요)

1 ~ 4점 우울증 아님.
5 ~ 9점 가벼운 우울증 : 스트레스 경감 등 자기 관리 필요
10~19점 중간 정도 우울증 : 심리 상담·비약물 치료 등 권장
20~27점 심한 우울증 : 전문가 상담·치료 필수

※자료 : 홍진표 삼성서울병원 정신건강의학과 교수

33

느림

- 속도보다 방향이다. 때로는 느린 삶을 즐긴다

얼마 전까지 참 독특한 TV 프로그램이 인기를 끌었다. 우리 가족도 좋아했던 프로그램이다. TV 출연자들은 인적이 드문 강원도 정선 산골 마을에서 생활한다. 하는 일이라곤 하루 세 끼 밥 차려 먹는 것이 전부다. 가끔 게스트가 방문하기도 하지만, 와서 하는 일은 같이 소박한 메뉴의 끼니를 차려 먹고 다시 돌아가는 것이다.

결국 〈삼시세끼〉라는 프로그램은 앞만 보고 달리는 우리에게 잠깐 쉬어 가라고 말해주고 있는 듯하다. 땀 흘려 지은 밥과 조촐한 음식, 텃밭을 가꾸는 노동의 고마움 등 느린 삶이 어느 누군가에게는 여유 있는 호사라고 느껴질 수도 있을 것이다.

하루하루 생계를 위해 달리다 보면 살기 위해 일하는 게 아니라 때로는 일하기 위해 사는 것 같다. 한마디로 주객전도다. 이 시대는 우리가 뽑아낼 수 있는 모든 능력을 내놓으라고 강요하는 듯하다. 각자의 개성이나 다양성을 인정하지 않고 모든 것에 정해진 답을 찾아 달리고 또 달리라고 우리의 등을 떠민다.

또한 우리 아이들에게는 '선행학습'이라는 이름으로 빨리 달리기를 강요한다. 대한민국에 퍼져 있는 빠름에 대한 집착은 높은 교육열, 과열 입시 경쟁으로 나타난다. 아이들의 뇌발달 단계에 맞추지 않고 몇 년씩 교육과정을 앞당겨 공부해야 안심되는 사회 분위기는 우리에게 많은 생각을 하게 한다. 무엇이든 빠른 것을 원하는 세상에서 그 빠름은 아이들의 몸과 마음을 소진시킨다. 그래서 정작 대학생이나 성인이 되어서는 공부에 대한 흥미를 잃고 만다.

빠름을 위해 신중함과 깊이 있는 사고는 간과되고 가정에서는 대화가 사라진다. 빠른 성장을 위해 주말까지 바쳐 일하며, 어른도 아이도 먹고 자는 기본적인 생존 시간조차 사치로 느끼게 된다. 그동안 우리는 미래의 시간까지 갈아 넣어 빠른 성장 엔진을 유지해왔다. 하지만 빠름을 위해 우리가 포기했던 많은 것이 부메랑이 되어 우리에게 복수하고 있는 듯하다. 빠름의 복수다.

우리 사회는 왜 멈추지 못하는 것일까? 우리는 그동안 액셀러레이터를 밟는 것만 배웠을 뿐 브레이크 밟는 법은 배운 적이 없다. 학교에서는 진도에만 관심을 가질 뿐 멈추고 돌아보는 일에는 신경 쓰지 않았다. 우리는 그동안 멈출 줄 모르는 민족이라는 것을 자랑스러워했다. 고도 경제성장기를 '경주마'처럼 앞만 보고 무한 질주했다.

그런 사회 분위기에서 '멈춤과 성찰'은 우리 사회에 대한 부정과 이탈처럼 여겨졌다. 그래서 우리는 멈출 수 없었고, 빠름에 대한 칭송은 DNA처럼 우리 몸속에 새겨졌다. 멈춘 경험이 없었기 때문에 그에 대한 두려움이 팽배해 있었다. 멈춤은 패배와 동의어로 여겨졌다. 평생 멈춤 없이 "그 사람 잘나간다", "그 회사 잘나간다"는 소리를 들어야 제대로 살고 있다고 느꼈다. 왜냐하면 그것을 성공의 표상처럼 생각했기 때문이다.

운전 중에 과속을 하면 주변 경관을 놓친다. 그런 의미에서 우리가 그동안 잊어버린 '있는 그대로 인정하기'처럼 어려운 일이 또 있을까? 이것은 늦고 빠름, 즉 스피드에 대한 이야기다.

사실 어느 누구도 우리의 삶에 대해 늦고 빠름을 판단할 수 없다. 예를 들어 달팽이의 움직임을 보고 우리는 느리다고 말하지만 달팽이 세계에서는 느리지도 빠르지도 않기 때문이다. 단지 누가 보느냐에 따라 느린 것처럼 보일 뿐이다.

특히 최근 4차 산업혁명 시대에 필수요건으로 뽑는 '창의성'도 마찬가지다. 창의적인 생각은 우리가 어디에 매달려 있을 때보다는 아무것도 하지 않는 일상에서 솟아나곤 한다. 저명한 물리학자 아인슈타인도 비누 거품을 가지고 놀다가 우주 팽창 이론을 생각해냈고, 뉴턴도 사과나무 아래서 쉬다가 중력 이론을 고안했다.

'걸어 다니는 상처(walking wounded)'라는 말이 있다. 미국의 한 문화인류학자가 멈춤의 의미를 체험하는 '산티아고 순례자'를 정의한 말이다. 길을 걸으면 우리의 상처가 아물까? 길에서 어떻게 사람의 상처가 치유될까?

"길은 인생을 바꾼다"는 말이 있다. 브라질 사업가 파울로 코엘료(Paulo Coelho)도, 한국 언론인 출신의 서명숙도 산티아고 순례길을 걸은 뒤 인생이 180도 바뀌었다. 프랑스 작가 베르나르 올리비에(Bernard Ollivier)의 삶도 긴 길을 걷고 나서 송두리째 바뀌었다. 그는 61세에 터키 이스탄불에서 중국 시안까지 실크로드 1만 2,000km를 4년간 걸었다.

서명숙 제주올레 이사장은 쉰 살이 되던 해 23년의 기자 생활을 접고 순례길을 걸었다. "이대로 살면 죽을 것 같아서" 살기 위해 산티아고 길을 갔고, 그 길을 걷다가 문득 고향 제주도를 떠올렸다. 그리고 오랫동안 떠났던 고향으로 돌아와 제주 올레길을 만들기 시작했다.

워라밸(work-life balance)이 트렌드가 된 오늘날, 우리는 '빠름의 복수'를 진지하게 고민해볼 필요가 있다. 오늘 아무것도 하고 싶지 않다면 스스로에게 휴식을 허락하자. 그런 시간이 모이고 모여 다시 일어서게 하는 휴식의 시간이 될 수 있기 때문이다.

이제 다시 신발끈을 질끈 묶고 빠름을 강요하는 대한민국에서 아이를 키우는 부모로서 아이의 끼가 무엇인지 지켜보고 기다려보자. 기존 사회가 만들어놓은 선행학습이나 사교육 빵빵이에서 우리 아이들을 슬기롭게 지켜나갈 방법을 찾아 나서자.

코로나블루, 행복한 가정을 위한 하루 한 문장

가끔은 느리게 걸으면서 조용히 생각을 정리하는 시간을 가지자.

34

노스탤지어

- 변화의 속도가 빠를수록 따뜻했던 과거를 잊지 않는다

세상은 4차 산업혁명이라는 녀석을 만들어 오늘도 부모인 우리와 아이들을 몰아세운다. 창조적 파괴, 혁신을 부르짖으며 당장 변하지 않으면 죽을 수도 있다고 위협한다. 그런 사회 분위기에서 부모인 우리들에게는 변화의 속도가 빠를수록 혹시 잃어버리는 것은 없는지 주위를 둘러보는 마음의 자세가 필요하다.

인류 역사를 보면 증기기관의 발명에서 석유, 원자력 그리고 태양열까지 과학적 진보는 200여 년 정도밖에 걸리지 않았다. 그동안 10억 명이었던 세계 인구는 7배가 넘게 늘어났고, 35세였던 유럽의 평균수명도 2배 이상 늘어났다. 오늘을 살아가는 현대인들은 초음속 전투기처럼 엄청난 변화의 속도에 현기증을 느끼고 있다.

불과 수십 년 만에 최빈국에서 3만 달러의 GDP를 이뤄낸 우리는 엄청난 변화를 직접 몸으로 체험하며 이겨냈다. 한국

의 기성세대에게는 '3차 경제개발 5개년 계획'이 마치 신앙처럼 여겨지던 시절이 있었다. 그렇게 숨 가쁜 세월을 지나 최근 인터넷에는 '온라인 탑골공원'이 인기를 끌고 있다. 서울 종로에 있는 공원이 아니라 1990년대 말~2000년대 초 가요 순위 프로그램을 스트리밍해주는 유튜브 채널이다. 특히 2030에게 인기가 많다는 이 채널을 보면 지금과 확연히 다른 패션 스타일, 머리 모양, 스타의 젊은 시절 등이 우리를 20년 전으로 돌려놓는다.

사실 1990년대 복고풍은 우리에게 익숙하다. 그동안 영화 〈건축학개론〉, 드라마 〈응답하라〉 시리즈, 〈무한도전〉의 토토가 등이 1990년대 감성을 열심히 소환했기 때문이다. 이런 프로그램이 과거를 오늘날로 불러들여 '재연'했다면 '온라인 탑골공원'은 과거의 민낯을 날것 그대로 만날 수 있다는 점에서 유사 프로그램과 다르다.

나도 1990년대 음악을 따로 모아서 출퇴근길에 듣고 하루에도 수시로 듣는다. 그러면 왠지 마음이 따뜻해지는 느낌이 든다. 특히 아내와 함께 잠자리에 들기 전 라디오에서 흘러나오는 옛날 노래를 들으며 추억 여행을 떠나기도 한다.

영국 출신 음악평론가 사이먼 레이놀즈(Simon Reynolds)는 21세기 대중문화의 복고 경향을 다룬 책 《레트로 마니아》에서 "세상이 변하는 속도가 빨라지자 과거를 향한 노스탤지어도 격화되었다"고 언급했다. 어쩌면 나이 든 세대가 아니라 변화의 속도가 더 빨랐던 세대일수록 과거에 대한 향수가 더 절박할 수도 있다.

외국에 사는 어느 교포분은 한국에 올 때마다 대중목욕탕을 꼭 간다고 한다. 외국에는 없는 독특한 모국 체험 중 하나이기 때문이다. 그분은 예전에 목욕탕을 갔다가 사람들이 "등을 밀어달라"고 하거나 "같이 등을 밀자"고 하는 것을 보고 충격을 받았다고 한다. 수증기 가득한 목욕탕에서 자기 등을 부탁할 상대를 찾아 서로 '짝짓기(?)'를 하는 것처럼 보였기 때문이다. 그런데 '자기 짝'에게 '등'을 맡기는 짧은 시간 동안 다른 사람의 마음 씀씀이까지 어렴풋이 느낄 수 있었다고 한다.

명절 직전 최고의 대목이던 목욕탕에서 서로 등을 밀어주던 일은 이제 서민의 풍속처럼 아득한 추억이 된 지 오래다. 빨개진 등짝에 끼얹는 맞춤 온도의 물, 발그레한 얼굴로 건네는 감사 인사, '혹시나 정성이 미흡했을까' 상대를 살피는 배려…….
그것은 단순한 때밀기가 아니라 사람과의 교감, 향기였다.

하지만 언제부턴가 우리는 엘리베이터 안에서 만난 이웃에게도 인사를 안 하기 시작했다. 버스에서 먼저 앉은 사람이 서 있는 사람의 가방을 받아주는 것도 금기가 된 지 오래다. 그렇게 타인과 소통할 기회를 철저히 차단하면서 우리의 삶은 어쩌면 더 팍팍해졌는지도 모른다. 아무리 무서운 세상이라고 하지만 타인에 대한 막연한 공포심, 습관적 무관심은 조심해야 한다. 결국 사람은 서로 부대끼면서 온기를 나누며 살아야 하는 사회적 동물이기 때문이다.

인기 드라마 〈응답하라〉 시리즈는 1994년, 1997년에 이어 1988년 쌍문동 골목길로 우리를 초대했다. 이 드라마는 80년대를 인간미 넘치는 따뜻한 기억으로 추억하며 복고 바람과 함께 국민 드라마로서의 인기를 누렸다. 드라마를 자세히 들여다보면 그 동네 사람들은 정이 깊고 서로 도와주면서도 상대가 원치 않는 수준의 간섭은 삼가는 예의도 갖추고 있다. 어른들은 어른들끼리, 아이들은 아이들끼리 편안한 친구로 지낸다. 한마디로 지금의 우리 사회와 전혀 다른 세상인 아날로그 마을이었던 것이다.

특히 드라마에 흘러나온 음악도 인기를 얻었다. '걱정 말아요 그대'는 이적이 새로 부른 OST와 전인권의 원곡 모두 큰 사랑을 받았다. "지나간 것은 지나간 대로 그런 의미가 있죠"라는 가사는 인생의 굴곡을 겪은 모든 이에게 위로를 주었다.

그런 의미에서 변화의 속도에 지친 우리 모두를 위해 오늘 저녁에는 배우자와 함께 '걱정 말아요 그대'를 같이 들어보자. 함께 음악을 들으며 신혼 시절도 추억하고, 아이가 막 태어났을 때 부모로서 가졌던 초심을 한번쯤 회상해보는 건 어떨까?

코로나블루, 행복한 가정을 위한 하루 한 문장

'아날로그'는 디지털의 반대가 아니라 '사람' 그 자체다.

35

마음 챙김

- 건강검진이 아니라 마음검진을 한다

대한민국의 모든 부모는 평소에는 자신만의 교육 철학이 있다가도 아이들의 입시가 다가오면 귀가 얇아지는 경향이 있다고 한다. 아무리 가치가 좋아도 당장 아이들의 대학 진학 여부, 더 나아가 인서울에 따라 모든 의사결정은 물론 가족 생활 패턴까지 아이에게 맞추기도 한다.

사회에서도 4차 산업혁명 시대를 맞아 인공지능이 점점 우리의 일자리를 침범할 것으로 사회학자들은 예견한다. 물론 그전에도 제조업, 서비스업을 비롯한 우리의 일자리가 로봇이나 무인결재기 등에 잠식당하고 있었다.

아이의 학년이 올라갈수록 경제 성장률이 낮아지고 우리의 업무 공간이 자동화되면서, 우리가 속한 산업의 경쟁이 치열해지면서 매출 압박에 밤잠을 설치기도 한다. 이렇게 단기간에 해결되지 않는 다양한 양상의 걱정과 고민거리가 점차 스트레스를 고조시킨다.

우리의 마음은 하루에도 몇 번씩 이런저런 생각과 감정으로 소용돌이친다. 그런 과정이 우리의 건강에 문제를 일으키기도 한다. 우리는 한순간의 잘못된 생각과 감정이 큰일을 망치는 것을 흔히 경험한다. 최근 들어 흔들리는 마음의 중심을 잡기 위해 '명상'이 다시 떠오르고 있다. 특히 영미권에서 인기를 끄는 명상이 '마음 챙김'이다.

'마음 챙김'은 단순하다. 그냥 내 삶에 관심을 가지는 것이다. 내 몸과 마음에 집중하면서 나에게 무슨 일이 일어나는지 정확히 보려는 노력이다. 따로 판단하지 않고 지금 이 순간을 있는 그대로 받아들이는 것이 마음 챙김의 시작이다. 이는 쉬운 일도 아니지만 그렇다고 너무 어려운 일도 아니다.

> 지금 일어나는 현상을 알아차리는 것으로 충분하다. 지금 무슨 일이 일어나고 있는지 알아차리고 있다면 그것이 무슨 일이든 관계없이 당신은 '마음 챙김' 명상을 제대로 하고 있는 것이다.
>
> - 존 카밧진(Jon Kabat-Zinn), 《처음 만나는 마음 챙김 명상》 중에서

많은 사람이 마음 챙김을 하다가 지금까지 얼마나 자기 마음을 들여다보지 못했는가를 깨닫는다. 내 마음을 챙기지 못하는 사람은 주어진 조건과 상황에 수동적으로 끌려가기 쉽다.

마음 챙김 명상으로 유명한 틱낫한은 경청(傾聽)의 중요성을 이렇게 강조했다.

남의 말을 잘 듣는 데는 다만 한 가지 목적이 있을 뿐이다. 그들이 자기 속을 털어놓아 모두 비워낼 수 있도록 도와주려는 것이다. 남의 말을 잘 듣는 것 자체가 이미 그의 고통을 덜어주는 행동이다. 남의 고통을 덜어주는 것은, 그것이 아무리 사소한 고통이라도 세계 평화에 이바지하는 위대한 행동이다.

- 틱낫한, 《너는 이미 기적이다》 중에서

특히 듣기와 말하기를 하다 보면 자연스럽게 대화의 중심에 마음 챙김이 연결고리 역할을 한다. 마음과 마음이 모여 하나의 위대한 하모니를 만들어내는 것이다. 또한 마음 챙김 듣기는 다른 사람의 말에만 집중하는 것을 의미하지 않는다. 자기 안에 있는 상처받은 내면의 소리도 끌어안아야 한다.

마음 챙김 수행을 하는 이들에게 전해 내려오는 이야기가 있다. 인간의 마음을 '성난 호랑이'에 비유하곤 하는데, 성난 코끼리라고 해도 상관없다. 성난 호랑이 또는 성난 코끼리는 이리저리 돌아다니다가 원하는 것을 얻지 못하면 흥분해서 큰 말썽을 일으키고 만다.

혹시 그동안 내가 성난 호랑이가 된 적은 없는지 과거를 돌아보자. 살다가 한번쯤은 갑자기 누군가에게 크게 화를 낸 적이 있을 것이다. 화를 내기 전후에는 완전히 다른 상황이 펼쳐져 있고, 천당이 한순간에 지옥으로 바뀔 수도 있다. 어쩌면 우리의 불행이 바로 성난 호랑이를 그냥 풀어놓아서 시작되었는지도 모른다.

그런 의미에서 잠시 하던 일을 멈추고 명상을 통해 코로 들이마시고 내쉬는 숨결을 느껴보자. 자기 자신을 찾는 '마음 여행'을 잠시라도 떠나보자. '통찰(insight)'은 마음 챙김의 또 다른 이름이다. 자신의 내면을 바라보는 명상을 통해 자신의 삶에 긍정적인 통찰력을 얻는다고 해서 붙은 이름이다.

미국에서 오래전부터 통찰 명상 모임을 운영한 심리학자 잭 콘필드(Jack Kornfield) 박사는 사회적 책임을 강조했다.

"명상의 큰 목적은 자신이 전체의 일부임을 깨닫고 자신의 삶 어떤 장면도 회피하지 않는 것입니다."

결국 명상이 우리 사회에 필요한 이유는 개인의 변화에서 시작하지만 점차 조직의 변화, 궁극적으로 사회와 인류의 변화에 목적이 있기 때문이다. 우리 사회에서 마음 챙김을 하는 사람들이 많아지면 우리의 일상에서 말과 행동이 바뀌기 때문이다. 명상을 통해 나밖에 몰랐던 사람의 마음이 점점 열리고, 그런 긍정의 에너지로 자기 자신뿐만 아니라 다른 사람도 인정하게 된다. 그런 사람이 많아지면 우리 사회가 긍정적으로 변할 것이다.

모든 대화의 시작은 "나는 어떤 사람이 될 것인가?"에서 비롯된다. 우리 마음을 수시로 들여다봐야 하는 이유다. 결국

'깨어 있음', '마음 챙김'에서 시작된 단어는 성취, 사랑, 연결로 확대될 수 있다. 우리 부모들이 지금부터라도 1~2년마다 건강검진을 하듯 마음검진을 통해 나를 알아나가는 노력을 기울이면 어떨까? 이런 의지가 결국 나의 건강은 물론 가족의 건강까지 지켜낼 수 있을 것이다.

코로나블루, 행복한 가정을 위한 하루 한 문장

나와 소중한 사람들의 마음이 아프지 않은지 수시로 들여다본다.

36

만족

- 만족할 줄 모르는 것보다 더 큰 재앙은 없다

사람의 욕심은 끝이 없다고 한다. 사회인으로서 부모로서 우리도 각자 바라는 바가 있을 것이다. 우리나라 사람이라면 누구나 바라는 2가지 희망 사항이 있다는 우스갯소리가 있다. 하나는 건물주이고 하나는 유튜버가 되는 것이다. 이 2가지 중 유튜버는 실제로 청소년 진로 조사 결과 상위권에 진입한 지 오래다. 대한민국의 모든 사람이 건물주가 되고 유튜버가 되려 하는 기현상은 전 세계적으로 유례를 찾아보기 힘들 것이다. 최근 고용안정성이 중요해지면서 여기에 하나를 더 추가하자면, 공무원(교사)이 되거나 공공기관에 취업하기를 원하는 사람들이 많아지고 있다는 것이다.

학교에서는 상위권 성적을 유지하고 졸업해서는 공무원이 되거나 공공기관, 대기업에 취업하는 것을 성공 공식처럼 받아들이고 있는 우리 사회를 냉철하게 바라볼 필요가 있다. 그렇게 상위 몇 퍼센트를 제외하고는 모두가 루저가 된 것처럼 생각하는 선입관도 경계해야 한다. 모든 사람들이 원하는 소수의 직장을 우리 모두가 가질 수 없다는 것을 우리는 아주 잘 알고 있기 때문이다.

사실 태어나면서부터 건물주, 유튜버, 공무원이 되고 싶었던 아이는 없을 것이다. 우리 기성세대들이, 우리 부모들이 그렇게 아이의 성공을 정의 내리고 진로를 외길로 정해놓았을 뿐이다. 사실 좋은 직업, 나쁜 직업도 없다. 자신의 능력에 맞는 직업과 안 맞는 직업이 있을 뿐이다.

하지만 사람의 욕심은 끝이 없다. 특히 물질적 성공은 모든 사람을 불행하게 만든다. 내가 아무리 좋은 차를 사도 나보다 더 좋은 차를 모는 사람은 있게 마련이다. 내가 아무리 좋은 건물을 사도 나보다 더 크고 비싼 건물을 소유한 사람은 반드시 있다. 결국 성공의 정의, 만족의 정도를 우리 스스로 결정하고 사회에 흔들리지 않는 나만의 철학이 어느 시대보다 필요한 시점이다.

"잔에 물이 반밖에 안 남았네?"와 "잔에 물이 반이나 남았네?" 중 후자가 좀 더 긍정적으로 세상을 바라본다는 것이 일반적인 해석이다. 그런데 여기서 한 걸음 더 나아가는 경우도 있다. 반이나 남은 물을 보고 기뻐하는 데서 더 나아가 물을 담을 수 있는 잔을 우리가 가지고 있다는 것 자체에 감사하는 마음이다. 어찌 보면 말장난 같지만, 좀 더 생각해보면 그런 삶을 산다면 우리의 하루하루는 지금보다 더 행복할 것이다.

'감사의 과학'을 주장해온 미국 UC데이비스의 심리학 교수 로버트 에몬스(Robert Emmons)도 이와 비슷한 이야기를 한다. 그는 개인의 행복을 좌우하는 요인 중 유전자가 50%, 환경이 10%, 행동이 40%를 차지한다고 말했다. 타고난 유전자나 주어진 환경을 탓하는 것은 무의미하며, 중요한 것은 행동을 바꿔야 하고 그 핵심이 바로 '감사'라는 것이다.

특히 우리가 최종적으로 달성하고 싶은 행복은 뭔가를 계속 갈구하는 마음이 비로소 멈출 때 찾아온다고 한다. 우리가 원하는 뭔가를 얻었을 때 잠시 행복해지는 이유는 그 대상이 우리에게 행복을 안겨주었기 때문이 아니라 뭔가를 갈구하는 내 마음이 멈추고 쉬기 때문이다.

예를 들어 원하던 직장에 입사하거나, 멋진 차를 사거나, 최신 스마트폰을 구매해서 행복감을 느끼게 되면 그 대상들이 나를 행복하게 한 것처럼 보인다. 하지만 자세히 들여다보면 잠시라도 뭔가를 구하는 마음이 멈췄기 때문에 내가 평안해져서 행복을 느끼는 것이다.

그런 마음으로 세상을 들여다보면 우리가 가지고 싶은 대상은 계속 생겨나고 때로는 바뀐다. 궁극적으로 잠시의 쉼을 얻기 위해 평생을 아등바등 살고 있는 것이다. 따라서 물질적인 성공을 맹목적으로 추구하기보다는 마음 자체를 쉬게 할 필요가 있다. 문학인 전경일은 그의 수필집에서 "악기는 잘 비어 있기 때문에 아름나운 소리를 내고, 잘 비울 때 비로소 내면에서 울리는 자기의 외침을 듣게 된다"고 했다. 즉, 물을 비워야 잔을 다시 채울 수 있듯 '비움'이 있어야 '채움'이 있고, 이때 비로소 진정한 삶의 에너지가 생긴다는 것이다.

사람의 욕심이 지나치면 평생 행복할 수 없다. 사람의 욕망은 만족을 모르기 때문이다. 욕망의 항아리는 밑 빠진 독처럼 아무리 채우고 채워도 차지 않는다. 취하면 취할수록 우리의 갈증은 더해진다. 마치 갈증이 날 때 소금물을 마시면 더 갈증이 나는 것처럼, 칼날 위에 발린 꿀의 달콤함에 취해 꿀을 먹다 보면 나의 혀에 큰 상처가 나게 되는 것처럼.

미얀마 사람들은 "이 나라에서 누가 제일 부자입니까?" 하고 물으면 "만족할 줄 아는 사람"이라는 공통된 답을 한다고 한다. 이 답에는 삶의 깊은 철학이 담겨 있다. 많이 가졌어도 더 가지기를 바란다면 늘 부족할 것이고, 조금 적게 가졌더라도 만족하는 사람은 부족함을 모르기 때문이다. 그래서 석가모니도 소욕지족(小欲知足), 즉 "욕심을 적게 하고 만족함을 알라"고 가르쳤다. 어찌 보면 내 욕망을 충족하면 행복이 오리라고 믿는 것 자체가 어리석은 일일 것이다.

그러므로 우리는 오늘부터라도 욕망의 늪에서 과감히 탈출해야 한다. 많은 짐을 지고 산을 오르던 사람이 짐을 하나씩 하나씩 내려놓으면 몸이 가벼워지고 행복해지는 것처럼 말이다. 내려놓는 연습을 통해 얻는 행복은 욕망을 추구하며 얻는 행복과는 차원이 다를 것이다.

특히 욕망의 중독을 알아차린 사람일수록 마음이 고요해지고 평안이 찾아온다. 자신의 마음을 혼란시키는 쾌락을 이겨냈기 때문이다. 고요하고 또렷한 마음은 우리에게 세상을 분명하고 바르게 이해할 수 있는 지혜를 준다. 산에 올랐을 때 짙은 구름이나 안개가 걷히면 산속의 모든 것이 명확히 보이는 것과 같은 이치다.

지혜가 있는 사람은 눈앞의 이익에 흔들리지 않고 현명하게 대처할 수 있다. 노자도 《도덕경》 제46장에서 "만족할 줄 모르는 것보다 더 큰 재앙은 없고, 얻으려는 욕심보다 더 큰 허물은 없다"고 했다. 물질적 성공을 탐닉하는 것이 일반화된 오늘을 사는 우리에게 '진정한 행복'은 무엇인지를 묻고 있는 듯하다.

코로나블루, 행복한 가정을 위한 하루 한 문장

물잔에 물이 남은 정도가 아니라 물잔을 가진 것 자체에 감사해보자.

5장

미래를 만나다

누구의 엄마 아빠가 아닌

나만의 멋진 라스트신을 준비한다

37

죽음

- 우리는 모두 시한부 인생이다

대부분의 영화감독들은 영화를 시작할 때 마지막 장면인 라스트신(last scene)을 생각하며 영화를 찍는데, 이때 영화에 참여하는 사람들이 라스트신의 의미를 공유하지 못하면 그 프로젝트가 끝까지 갈 수 없다고 한다. 그래서 우리의 기억 속에는 그동안 많은 영화의 멋진 라스트신이 남아 있다. 영화의 가장 중요한 부분인 라스트신처럼 부모로서의 부담을 잠시 내려놓고 생의 라스트신, 죽음을 어떤 마음으로 받아들일지 한번쯤 깊이 생각해볼 필요가 있다.

'위크로크(WeCroak)'라는 앱이 있다. 이 앱을 열면 "하루 다섯 번 죽음을 사색하면 행복해진다"는 부탄 속담이 나온다. 이 앱은 "잊지 말라. 당신은 죽을 것이다"라는 알림과 함께 하루 다섯 번 죽음에 대한 글을 보내준다고 한다. 우리는 평소 바쁜 일상을 살면서 죽음을 망각하며, 더 나아가 나에게 진실한 삶이 아니라 다른 사람이 원하는 가짜 삶을 살기도 한다.

그러나 죽음을 의식하고 언젠가 내게 들이닥친다는 것을 인지할 때 우리는 현재를 농밀하게 살게 된다.

애플 창업자 스티브 잡스도 스탠퍼드대학 졸업식 연설에서 "내가 죽을 것이라는 사실을 기억하는 것은 인생에서 큰 선택을 할 때 가장 중요한 도움이 됐다"고 밝혔다. 로버트 캐플런 하버드대학 교수도 직업을 선택할 때 "당신에게 남은 날이 일년이라면 그 시간을 어떻게 보내겠는가?" 자문하라고 조언했다. 옛날 로마에서는 개선장군이 시가행진을 할 때 노예들에게 "죽음을 기억하라"는 뜻의 "메멘토 모리(Memento mori)"를 외치게 했다고 한다. 다른 사람의 의견이나 세상의 수많은 정보가 우리를 혼란스럽게 할 때 우리도 "메멘토 모리!"를 외쳐야 할 것 같다.

특히 우리는 근면 성실을 성공의 최고 비결로 여기며 회사를 위해 가족을 위해 앞만 보고 달려왔다. 하지만 긍정심리학자들에 따르면 돈이 행복의 모든 것은 아니다. 절대 빈곤층에게는 돈이 행복의 큰 요소가 되지만, 어느 정도 경제적 여유가 있으면 돈이 행복을 결정하는 데 한계가 있다는 것이다. 또한 물질적인 성공만 좇게 되면 중독 현상이 일어나 오히려 행복과 멀어지는 삶을 살게 된다고 경고한다.

죽음에는 크게 네 가지 특성이 있다. 반드시 죽는다는 필연성, 얼마나 살지 모른다는 가변성, 언제 죽을지 모른다는 예측 불가능성, 어디서 어떻게 죽을지 모른다는 편재성이다. 죽음은 우리 모두에게 언젠가 공평하게 찾아온다. 우리에게 남은 시간을 아무도 모르기 때문에 우리는 지금부터라도 의미 있는 시간으로 채워야 한다.

예부터 고종명(考終命)을 오복(五福)의 하나로 여겼다. 고종명은 평온하게 생을 마감하는 것을 말한다. 여기에는 객사나 비명횡사가 아니라 자신의 집에서 가족이 지켜보는 가운데 죽음을 맞고 싶은 조상들의 희망이 담겨 있다. 요즘에 유행하는 '품위 있는 죽음', '웰다잉(well-dying)'과 비슷한 의미다. 그런데 과거나 현재나 그것은 결코 쉬운 일이 아니다. 우리의 마지막 이별을 떠올려보자. 그동안 우리는 소중한 사람들이 중환자실에 있다가 가족과 마지막 인사조차 제대로 나누지 못하고 떠나는 것을 봐왔다.

하지만 최근에는 병원에서 임종을 맞는 사람들을 위한 정서적 지지, 즉 호스피스 서비스에 대한 수요가 크게 늘고 있다. 호스피스란 임종이 얼마 남지 않은 환자들이 편안하고 인간답게 죽음을 맞을 수 있게 위안을 베푸는 봉사 활동이나 그런 일을 하는 사람들을 말한다. 호스피스 병동에 근무하는 의사는 이렇게 말했다.

"병원에서 마지막을 보내는 사람들은 하나같이 집에 가고 싶다는 소원을 말합니다. 자신에게 편안하면서도 익숙한 장소에서 죽음을 맞고 싶다는 것입니다. 그래서 평소 호스피스 의료진이 가장 정성을 들이는 것이 '마음 나눔'입니다. 죽기 전 재산 같은 경제적 유산을 정리하는 것도 중요하지만, 영적 상처에 대한 마무리가 더 중요합니다. 말기 환자들과 상담하다 보면 모두가 가족 관계에 상처를 가지고 있어요. 인생의 마지막에서는 자신이 가진 상처를 자신이 정리하고 떠나야 한다고 말씀드립니다."

인간은 누구나 언젠가는 죽음과 마주하게 된다. 아름다운 죽음을 미리 준비하는 웰다잉은 가족과 주변 사람이 편안한 이별을 할 수 있게 돕는다. 100세 시대를 맞아 평소 건강을 유지하는 웰빙도 중요하지만 이제는 우리 모두 건강한 죽음을 미리 준비해야 한다. 우리는 살면서 많은 이별과 마주한다. 졸업하면서 학창 시절 친구들과의 이별을 경험하고, 이사를 하면서 이웃과 이별한다. 또 성인이 되고 나서는 이성 교제 후의 이별, 가족과의 이별 등 크고 작은 이별을 경험했고 앞으로도 계속 경험할 것이다. 그렇다면 아름다운 이별을 위해 우리는 어떤 노력을 해야 할까?

노자와 장자 철학을 연구하는 서강대 철학과 최진석 교수는 매일 아침 명상을 하며 '나는 곧 죽는다'는 생각을 한다고 한다. 그는 죽음을 의식할 때와 의식하지 않을 때가 완전히 다르다고 말한다. 죽음을 의식하면 내 마음이 덜 옹색해지고, 덜 게을러지고, 더 진실해진다는 것이다.

우리의 옛 조상들은 당신들의 죽음이 다가오면 가족들과

마지막 식사를 한 뒤 곡기를 끊고 조용히 죽음을 맞이했다고 한다. 하지만 의학기술이 발달한 요즘은 이런 죽음이 힘들다. 삶을 연장해주는 온갖 기계를 거부할 수 있는 사람은 많지 않을 것이다. 그래서 과거처럼 품위 있는 죽음을 맞는 일은 우리에게 또 다른 도전이다.

만약 내일 죽는다면 후회하지 않을 자신이 있는지 자문해보자. 최근에 나 때문에 서운했던 사람은 없었는지, 고맙다·미안하다·사랑한다는 말을 마음에만 담아두고 하지 못한 적은 없는지 돌아보자.

어차피 우리는 길어야 100년도 못 사는 시한부 인생이다. 오늘 조용히 '내 인생의 라스트신'을 고민해보자. 언제 찾아올지 모르는 죽음을 직시하자. 그리고 누구의 엄마 아빠 이전에 내 삶의 주인공으로서 다른 사람을 의식하지 말고 하루하루 담대하게 살아나가자.

코로나블루, 행복한 가정을 위한 하루 한 문장

내 인생의 '라스트신'을 생각해본다.

38

북극성

- 꿈 너머 꿈을 생각한다

사람들은 평소 '꿈'의 중요성에 대해 많이 이야기한다. 우리도 가정에서 학교에서 아이들에게 묻곤 한다, 꿈이 있느냐고. 마치 꿈을 가지는 것이 풀어야 할 숙제인 것처럼 말이다. 사실 꿈에는 우리가 모르는 놀라운 힘이 숨어 있다. 누군가가 구체적 꿈을 가지게 되면 목표를 세우고 실천하게 되며, 실천 후에는 부족한 부분을 반성하고 또 다른 새로운 꿈을 만들어 가게 된다.

미국 예일대학에서 실시한 조사에 따르면 가장 성공한 3%의 졸업생에게는 놀라운 공통점이 있었다고 한다. 자신의 꿈을 글로 작성해 틈틈이 읽어보며 마음에 새기고 끊임없이 노력했다는 것이다.

1971년 미국 플로리다에서 디즈니월드를 개장할 때의 일이다. 아쉽게도 월트 디즈니(Walt Disney) 회장은 세상을 떠나 이를 지켜보지 못했다. 사람들은 평생의 꿈이 이루어진 것을 보지 못한 그를 떠올리며 안타까워했다. 그런데 디즈니의 부인이 "남편은 이미 디즈니월드를 보았다"고 말해 사람들을 놀라게 했다. 디즈니월드의 구석구석이 남편 디즈니가 평소 말하고 꿈꾸어온 것의 현실화였다는 것이다.

꿈은 우리가 삶을 살아가게 하는 에너지이며 성공의 문을 열어주는 열쇠다. 누구에게나 기회가 오지만 기회를 잡는 것은 다른 문제다. 그리고 기회를 발견하는 능력은 결국 평소의 노력으로 이루어진다.

사람도 미디어도 "꿈이 없다면 당장 꿈을 가지세요"라고 말한다. 그래서 많은 사람이 평소 자신의 심장을 뛰게 하는 꿈의 필요성에 대해 강박관념을 가지고 살아간다. 하지만 최근 들어 꿈보다 더 중요한 것이 있다는 생각이 든다. 그것은 바로 삶을 살아가는 자세다. 사실 우리가 살다 보면 꿈은 계속 바뀐다. 그래서 하루하루 어떻게 살아야 할지 기준이 되는 삶의 자세가 어쩌면 꿈보다 더 중요하다.

그것은 나만이 가지고 있는 가치관이다. 이 가치관 안에는 남을 도우며 살겠다는 선한 영향력, 인류 환경을 보호하겠다는 사명감, 아프리카의 굶주린 아이들까지 생각하는 인류애가 포함된다. 나만 잘 먹고 잘 살고 끝나는 인생이 아니라 사랑하는 가족, 더 나아가 사회공동체 구성원까지 배려하는 마음의 좌표가 우리 삶의 중심이 되어야 한다.

직장 생활을 오래 하다 보니 많은 사람을 만난다. 그동안 모신 임원들은 물론 대부분의 사람들은 공통적으로 성공한 인생과 행복한 삶을 원한다고 한다. 그런데 본인만 성공하고 행복한 삶을 살면 다 끝나는 것인가? 나는 성공이나 행복을 이루고 난 뒤에 어떤 삶을 사는지가 더 중요하다고 생각한다.

많은 사람이 돈을 많이 벌고 싶어 한다. 높은 사회적 지위도 원한다. 하지만 목표를 이루고 난 이후에 대해서는 고민을 별로 하지 않는 것 같다. 그저 안정된 노년을 보내고 싶다고, 해외여행을 다니거나 공기 좋은 시골의 한적한 전원주택에서 살고 싶다고 말한다.

나는 뚜렷한 목적 없이 돈만 많이 벌어서 성공하는 삶은 2%가 아니라 20% 부족한 삶이라고 생각한다. 그다음 단계를 생각하지 못하는 사람이 안쓰럽게 느껴진다. 더 중요한 것은 자신의 목표를 달성한 뒤 자신의 삶의 가치를 높임과 아울러 이타적인 삶을 살아가는 것이다. 그래야만 우리는 아름답게 늙어갈 수 있다. 결국 삶을 대하는 자세, 자신의 인생 좌표가 되어줄 '북극성'이 우리 마음 한편에 늘 빛나고 있어야 한다.

다른 사람을 위한 삶을 살려고 노력하는 대표적인 유명 인사가 있다. 바로 페이스북 창업자 마크 저커버그(Mark Zuckerberg)와 그의 아내인 의사 프리실라 챈이다. 이 부부는 자신들이 보유한 지분의 99%를 자선사업에 기부하겠다고 밝혀 전 세계에 신선한 충격을 주었다.

이들은 약 450억 달러, 한화 약 52조 원에 달하는 자금을 바탕으로 교육, 질병 치료, 인적 연결, 끈끈한 공동체 건설 등 인간적이고 따뜻하며 희망적인 미래를 위한 각종 자선사업을 펼치고 있다. 페이스북 계정에 딸 맥스의 출산을 공개하며 발표한 '우리 딸에게 보내는 편지'에서 이 부부는 "다른 모든 부모들처럼 우리도 네가 지금보다 더 나은 세상에서 자라기를 바란다"며 "세상을 더욱 살기 좋은 곳으로 만들기 위해 노력하겠다"고 다짐했다.

저커버그 부부의 기부는 부자의 성공이 단순히 물질적 성공에만 있는 것이 아니라 인류 공동체를 위해 그것을 얼마나 값지게 쓰는지가 중요하다는 것을 보여준다. 나아가 이런 자선활동에 영감을 얻은 잠재 기부자들의 삶도 함께 바꾸게 될 것이다. 이들에 앞서 재산의 95%를 내놓은 마이크로소프트(MS) 창업자 빌 게이츠와 99%를 기부하기로 한 '투자의 귀재' 워런 버핏처럼 전 세계 수많은 부자들의 기부가 이어지고 있다.

반면 우리나라는 사회 지도층 인사들이 사회적 책임을 다하는 노블레스 오블리주 사례를 많이 볼 수 없어 안타깝다. 우리나라 고액 기부자의 70%는 예순을 넘긴 할머니들이라고 한다. 삯바느질 할머니, 김밥 장수 할머니, 폐지 줍는 할머니 등 저 낮은 곳의 어르신들 말이다.

돈이든 권력이든 뭔가 좀 가졌다 하면 모두 자식에게 물려주기 바쁜 시대, 이 삭박한 황금만능주의 사회에서 먹을 것

제대로 먹지 않고, 입을 것 제대로 입지 않으며 어렵사리 모은 전 재산을 가난한 이웃에게 선뜻 내주는 것처럼 비경제적인 일도 없을 것이다. 하지만 세상을 좀 더 나은 곳으로 만들겠다는 자신만의 북극성을 가진 사람들이 점점 많아지면 우리의 일상도 좀 더 포근하고 따뜻해질 것이다.

오늘 우리의 소중한 아이들을 불러 조용히 물어보자.

"네 꿈은 뭐니?"

그리고 그보다 더 중요한 질문이 있다.

"그 꿈을 이루고 난 다음 진짜 하고 싶은 게 뭐니?"

코로나블루, 행복한 가정을 위한 하루 한 문장

단순히 개인적인 꿈이 아니라 다른 사람까지 포용할 수 있는 큰 꿈을 가진다.

39

사람

- 세상에는 변해야 할 것과 변하지 않아야 할 것이 있다

오늘도 우리는 배우자, 자녀와의 다툼을 일상처럼 겪으며 산다. 배우자의 단점을 지적하고, 아이에게는 부족한 과목이나 성격을 탓하며 의지를 문제 삼기도 한다. 결국 나는 심판자로서 배우자와 아이를 평가하고 그의 인생을 재단하는 우를 범하고 있는 것은 아닐까? 한번쯤 생각해볼 문제다.

> 스물에는 세상을 바꾸겠다며 돌을 들었고, 서른에는 아내를 바꾸겠다며 눈초리를 들었고, 마흔에는 아이를 바꾸겠다며 매를 들었고, 쉰에야 진정 바꾸어야 할 사람이 나임을 깨닫고 들었던 거 다 내려놓았습니다.
>
> - 조정민, 《사람이 선물이다》 중에서

결국 변해야 할 사람은 나라는 큰 교훈을 주는 글이다. 나는 이 글의 연장선에서 세상을 살다 보면 변해야 할 것과 변하지

않아야 할 것이 있다는 생각이 든다. 변해야 할 것이 4차 산업 혁명에 따른 사고의 유연성이라면 변하지 않아야 할 것은 사람에 대한 신뢰라고 생각한다.

이렇듯 변화에 관한 가장 큰 문제는 정작 변해야 할 부분은 변하지 않고 변하지 말아야 할 부분이 변한다는 것이다. 살다 보면 변하지 말아야 할 모습은 변해버리고 세상이 원하는 방향으로 바뀌어야 할 부분은 오히려 완고하게 유지하기 쉬운 것이다.

그런 의미에서 라인홀트 니부어(Reinhold Niebuhr)의 '평온의 기도'는 많은 시사점을 던져준다.

> 우리가 변화시킬 수 없는 것을 받아들이는 평온함을,
>
> 변화시킬 수 있는 것을 변화시키는 용기를,
>
> 그리고 이 두 가지를 구별할 수 있는 지혜를 주소서.

특히 변하지 않아야 할 것은 사람을 대하는 자세라는 생각이 든다. 이를 경영에 실천해서 세계적으로 유명해진 기업이 있다. 미국 사우스웨스트항공은 허브 켈러허(Herb Kelleher) 회장의 '인간 존중'이라는 경영 철학으로 더욱 성공할 수 있었다. 그는 자신과 마주치는 회사 직원들부터 존중했으며, 그렇게 최고 대우를 받는다고 느낀 직원들은 자연스럽게 사우스웨스트항공의 경쟁력을 자발적으로 업그레이드시켰다.

'인간 경영'의 주창자인 제프리 페퍼(Jeffrey Pfeffer) 스탠퍼드대 교수는 저서 《숨겨진 힘》에서 사우스웨스트항공 사례를 분석했다. 그는 이 회사의 중심에 '사람'이 있기 때문에 다른 기업들이 쉽게 따라 할 수 없다고 평가했다. 제품, 기술, 재무 자원 등 눈에 보이는 것은 다른 기업이 벤치마킹할 수 있지만 애사심으로 똘똘 뭉친 직원들은 결코 얻을 수 없을 것이다.

켈러허 회장은 인간 존중의 경영 철학이 담긴 말을 많이 남겼다.

"직원을 고객처럼 대하라."

"공포가 아니라 사랑으로 묶이면 기업은 더 강해진다."

"직원을 맨 앞에 두라."

그는 진심을 다해 회사 직원을 사람 자체로 대우하고 존경한 것이다.

세계 시장 점유율 1, 2위를 다투는 덴마크의 보청기 회사는 아내에게 '사랑한다'는 말을 들려주고 싶다는 인본주의에서 창립되었다. 100년이 지난 지금도 그 정신은 계속 이어지고 있고, 이제는 난청인들에게 청각뿐만 아니라 더 나은 삶을 제공하기 위해 심리청각학까지 연구 중이라고 한다.

전 세계에 많은 매장을 보유하고 있고 우리에게도 매우 친근한 스타벅스는 고객에게 최고의 커피 맛을 제공하기 위해 수천 번의 테스트를 거듭하는 것으로 유명하다. 과거에는 전 세계 매장을 일시에 닫고 직원들에게 커피 제조법을 재교육하기까지 했다고 한다.

'고객의 믿음' 그리고 '사람에 대한 관심'은 하루아침에 얻어지는 것이 아니다. 그 믿음을 위해서라면 지금 당장 수익을 포기해야 할 때도 있고, 빠른 길을 가기보다는 멀리 돌아가야 할 때도 있을 것이다.

P&L은 '손익계산서(profit & loss)'가 아니라
'사람과 사랑(people & love)'이다.
- 메리 케이 애시(Mary Kay Ash)

화장품 회사 메리케이 화장품을 일군 메리 케이 애시(Mary Kay Ash)는 기업의 이익도 중요하지만 이는 목적에 도달하기 위한 수단일 뿐이라고 말했다. 그는 직원들에게 아낌없이 투자해 신뢰의 고리를 만들고 직원의 가족에서부터 수천만 명의 고객까지 하나의 가족으로 만드는 것, 그것이 바로 기업의 궁극적인 목적이라고 강조했다.

결국 인생을 살아가든 기업을 경영하든 모든 사고의 중심에 '사람'이 있어야 한다. 그런 진심이 향기가 되어 주변 사람들을 행복하게 하고 결국 이 세상을 감동시킬 수 있기 때문이다.

오늘 아이를 불러 이렇게 이야기하자. 세상을 바꾸는 것보다 더 힘든 것은 자신을 바꾸는 것이라고. 세상에 누구 하나 의미 없이 태어난 사람은 없다고. 내 앞에 있는 사람을 대할 때 나의 심장에서 나온 말만 그 사람의 심장까지 들어갈 수 있다고.

그리고 알려주자. 사람을 대하는 진심은 전 세계 어디에서나 통하는 만국 공통어라고.

코로나블루, 행복한 가정을 위한 하루 한 문장

세상에서 변하지 않아야 할 것은 사람 자체에 대한 신뢰다.

40

리더

- 리더란 다른 사람을 꿈꾸게 하고 그 꿈을 이룰 수 있게 돕는 사람이다

직장에서 리더가 되는 방법은 무엇일까?
현재의 자리에서 자신을 쓸모없게 만들어
보다 책임이 큰 자리로 옮기는 것이다.
그런 다음 그 자리에서도 자신을 쓸모없게 만들어
보다 중요한 자리로 올라가는 것이다.
가장 이상적인 목표는 스스로 불필요한 존재가 되는 것이다.
- 가이 가와사키(Guy Kawasaki)

우리는 사회생활을 하면서 진정한 리더에 대한 갈증을 많이 호소한다. 특히 직장에서 더욱 그렇다. 하지만 리더는 직장에만 존재하는 것이 아니다. 사실 가정에서 부모도 자녀의 입장에서는 리더일 수 있다. 부모이기 전에 삶을 먼저 살아온 인생 선배이기도 하기 때문이다.

직장에서 우리는 리더의 소통 능력에 대해 토로할 때가 많

다. 그런 관점을 가정으로 가져오면 우리가 직장 상사의 소통 부재를 느끼듯 우리 아이들도 부모의 소통 능력을 문제 삼을 수 있고, 나아가 부모를 꼰대로 볼 수도 있다.

그런 의미에서 직장에서 그리고 가정에서 올바른 리더란 어떤 모습일지 진지하게 고민해볼 필요가 있다. 사실 자기 못지않게 다른 사람까지 품고 잘되게 하려는 마음을 가진 사람이 진짜 리더다. 진정한 리더는 다른 사람을 행복하게 만들고 거기에서 삶의 의미를 얻는 사람이다. 그 과정에서 따르는 사람들이 점점 많아지게 되고, 따르는 이가 많을수록 자신은 더 낮은 자리로 내려갈 줄 아는 리더가 참 리더다.

세계적인 베스트셀러 작가 사이먼 사이넥(Simon Sinek)이 미국 해병대의 한 장군을 찾아가 어떻게 해병대가 탁월한 성과를 올리고 있는지 비결을 물어보았다. 그런데 의외의 대답이 돌아왔다.

"미국 해병대에서는 장교들이 마지막에 밥을 먹기 때문입니다."

많은 생각을 하게 만드는 답이다.

에덴동산에서 쫓겨난 아담과 이브는 형제를 낳는다. 형 카인은 농부가 되고 동생 아벨은 목동이 된다. 형제는 하나님께 감사의 수확물을 바친다. 농부 카인은 농작물을, 양치기 아벨은 첫 새끼와 기름을 드렸다. 그런데 하나님은 아벨의 제물은 받았지만 카인의 제물은 받지 않았다. 이것이 부당하다고 생각한 카인은 몹시 화가 나서 안색이 변했다. 그는 질투심에 눈이 멀어 급기야 동생을 죽이고 만다.

집에 돌아온 카인에게 하나님이 묻는다.

"Where is your brother, Abel?"(네 동생 아벨이 어디에 있느냐?)

그러자 카인은 유명한 반문을 한다.

"I don't know. Am I my brother's keeper?"(저는 모릅니다. 제가 동생을 지키는 자입니까?)

이것은 〈창세기〉에 나오는 이야기다. 그리고 수천 년이 흐른 뒤 미국의 한 신인 정치인이 카인이 던졌던 "제가 동생을 지키는 자입니까?"라는 질문에 대답한다. 2004년 7월 27일, 미국 민주당 전당대회에 찬조 연설자로 나선 버락 오바마가 그 주인공이다. 무명이었던 그는 이 데뷔 연설로 많은 미국인에게 감동과 희망을 주었다. 이 연설을 계기로 그는 상원의원이 됐고, 4년 뒤인 2008년에는 대선에서 승리를 거둔다. 오바마를 대통령으로 만드는 계기가 된 그 연설은 어떤 내용이었을까?

"만약 시카고 남부에 글을 읽지 못하는 아이가 있다면, 제 아이는 아니지만 그것은 저의 문제입니다. 만약 돈이 없어 약값과 집세 중 하나를 선택해야만 하는 노인이 있다면, 제 조부모는 아니지만 그것은 제 삶마저 가난하게 만듭니다. 만약 아랍계 미국인 가족이 변호사나 법적 도움을 받지 못한 채 체포된다면, 그것은 저의 시민권과 자유를 위협하는 일입니다. 저는 제 동생을 지키는 자입니다(I am my brother's keeper). 저는 제 여동생을 지키는 자입니다(I am my sister's keeper). 이 근본적 믿음이 바로 이 나라를 지키는 원리이고, 각자의 꿈을 추구하면서도 우리를 미국이라는 하나의 가족으로 뭉칠 수 있게 해주는 것입니다."

일반 직장인들이 함께 근무하고 싶어 하는 좋은 상사는 "엄하지만 명확한 지침을 주고 그 결과에 책임을 지는 상사"라고 한다. 반면 사람은 좋은데 지침이 불분명하고 문제가 생겨도 책임을 회피하는 상사는 회피하고 싶은 상사로 꼽혔다. 어떤 일의 결과가 나쁠 때 운이 없었다는 등 변명을 이것저것 늘어놓거나 부하 직원에게 책임을 전가하려는 행태는 리더의 자질 문제를 보여준다.

사자 무리의 우두머리는 후계자를 뽑을 때 단순히 사냥 능력이 뛰어난 사자를 지목하지 않는다고 한다. 우두머리 사자는 자신의 후계자를 찾기 위해 중간 보스 격의 여러 사자들을 오랜 기간 지켜본다. 그리고 사냥으로 잡은 먹잇감을 자기 부하들에게만 나눠주거나 심지어 혼자 독식하는 중간 보스 사자에게는 결코 왕좌를 물려주지 않는다. 오히려 사냥 능력은 조금 떨어져도 사냥으로 잡은 고기를 자기 부하는 물론 다른 중간 보스 사자의 부하에게도 나눠주는 사자, 즉 이타심을 발휘하는 사자에게 왕좌를 물려준다.

그렇다면 오늘날 우리 시대가 원하는 진정한 리더는 어떤 사람일까? 위대한 업적을 만들어내는 리더는 평범한 리더일 것이다. 세상을 조금이라도 나은 방향으로 이끌어가는 리더가 진정한 리더다. 진정한 리더들의 공통점은 '사람'에게 집중한다는 것이다. 그들은 조직원들의 생각을 합리적으로 정리하고 의사 결정 과정을 통해 성과를 창출한다. 이 과정에서 설득의 방법으로 솔선수범을 보이고, 이타주의를 실현하기 위해 자신의 고통을 감내한다.

영화 〈위 워 솔저스〉의 한 장면은 리더의 자질이 무엇인가를 생각하게 한다. 영화의 주인공 할 무어 중령은 베트남 전투에 출정하기 전 모든 병사와 가족들이 모인 자리에서 이렇게 말한다.

> "나는 여러분을 무사히 데려오겠다는 약속은 해줄 수 없지만 이것만은 맹세한다. 내가 맨 먼저 적진을 밟을 것이고, 맨 마지막에 나올 것이며, 단 한 명도 내 뒤에 남겨두지 않겠다."

팀워크와 공동체 의식이 희미해지는 오늘날, 우리 모두는 누군가의 리더일 것이다. 지금보다 좀 더 살맛이 나고 인간미 넘치는 사회를 위해, 가정의 평화를 위해 우리부터 솔선수범 해보자. 아울러 가족과 주변 사람들이 잊어버렸던 꿈을 다시 꾸고 그 꿈을 이룰 수 있도록 진심을 다해 도와주자.

코로나블루, 행복한 가정을 위한 하루 한 문장

저는 제 주변의 소중한 사람들을 지키는 자입니다.

41

시간

- 시간은 금이 아니라 삶 그 자체다

우리 부모들은 약속의 중요성을 강조한다. 약속이란 상호 신뢰를 넘어 다른 사람의 시간까지 소중히 여기는 것이다. 시간의 중요성에 대해서는 동서고금을 막론하고 많은 사람이 강조해왔다. 아이가 약속을 잘 지키고 시간을 소중히 여기게 하고 싶다면 부모인 우리들이 먼저 솔선수범하면 된다. 그러면 아이들은 자연스럽게 따라오게 마련이다.

시간의 개념으로 해석할 때 우리가 "지금 몇 시지?" 하고 시계를 보는 그 순간도 곧 과거가 된다. 시간이 실시간으로 흐르는 것이다. 이처럼 우리는 과거-현재-미래가 연결되는 삶을 살고 있다. 이러한 순간의 흐름을 수치적으로 구분하는 것을 사람들은 '시간'이라고 한다. 시간은 시계가 없던 시절에는 단순한 '사건의 기억' 또는 '기록'으로 존재했다. 오래전 수렵 및 농업 시대에 자연에서 반복되는 현상의 특징을 수치로 계산했고, 이를 확인하기 위해 인류는 시계를 발명했다.

시계의 발명으로 마침내 인간의 삶은 '사건 시간'에서 '시계 시간'으로 바뀌게 되었고, 경제적 관점에서 시간에 접근하게 되었다. 영국 런던의 랜드마크인 '빅벤(Big Ben)'은 웨스트민스터 궁전 북쪽 끝에 있는 시계탑의 별칭이다. 1895년에 세워진 이 시계탑은 13톤에 달하는 큰 종이 15분 간격으로 타종돼 당시 도시 노동자들에게 시간을 알려주는 주요 수단이 되었다. 즉, 산업화에 따라 시계 시간이 보편화되면서 시간을 경제적 가치로 환산하게 된 것이다.

흔히 사람들이 가장 불안해하고 스트레스를 많이 받을 때 '통제력 상실'이라는 표현을 쓴다. 인간이 시계를 발명해 보편적 시간의 통제력을 확보했다면 확보한 시간을 어떤 방식으로 사용하느냐도 우리의 선택이다. 물론 급한 것보다 중요한 것을 먼저 하는 지혜가 필요하지만, 우리는 늘 시간에 쫓기며 바쁘게 살아간다. 그래서 부(富)의 기준은 개인마다 다르겠지만 "진정한 부자는 주어진 시간을 자기가 원하는 대로 쓸 수 있는 사람"이라는 말이 있다.

스탠퍼드대학 심리학과 명예교수 필립 짐바르도(Philip Zimbardo)는 자신의 책에서 "시간은 우리가 소유한 것 가운데 가장 귀한 것"이라고 말했다. 고전경제학파의 이론에 따르면 자원은 희귀하고 사용처가 많을수록 가치가 높아지지만, 우리 인생에서 시간을 1초라도 늘릴 수 있는 방법은 어디에도 없기 때문이다. 특히 지구상에 존재하는 모든 사람들에게 공평하게 주어지는 것이 딱 하나 있는데, 그것이 바로 시간이다. 아무리 유명하고 부자라 해도 하루 24시간, 1년 365일을 산다. 하지만 똑같은 시간을 어떻게 활용하느냐에 따라 성과는 개인마다 큰 차이가 날 것이다.

독일에서 한 대학의 교정을 걷는 남자가 있었다. 그는 언제나 매일 같은 시간에 나타났기 때문에 사람들은 시계를 보지 않고도 오후 6시 15분이라는 것을 알 수 있었다고 한다. 이것은 유명한 독일 철학자 이마누엘 칸트(Immanuel Kant)의 철저한 시간 관리를 보여주는 일화다. 칸트는 어린 시절 선천적인 심장질환과 호흡기 장애로 자주 아팠다고 한다. 이 때문에 칸트의 부모는 아이가 규칙적인 생활을 할 수 있도록 주의를 기울였고, 이러한 생활 습관이 성인이 되어서도 이어진 것이다. 칸트는 신체적 약점을 철저한 시간 관리로 극복했고, 결국 대철학자의 반열에 올랐다.

사람이 시간을 관리한다는 것은 곧 자기 자신을 관리하는 것과 같다. 특히 사회생활에서 시간 약속을 정확히 지키는 것은 상대방에게 신뢰를 얻는 가장 빠른 방법이다. 약속은 상호 신뢰의 기반 아래 이루어지는 일종의 계약이기 때문이다.

"시간은 당신이 가진 전부다. 그리고 당신은 언젠가, 생각보다 시간이 많이 남지 않았다는 사실을 알게 될 것이다."

- 랜디 포시(Randy Pausch)

랜디 포시(Randy Pausch)는 시간을 남다르게 해석한 사람이다. 미국 카네기멜론대학 교수였던 랜디 포시는 '긍정적인 삶의 전도사'였다. 시한부를 선고받은 그는 이에 의연히 대처하며 '웰다잉'이라는 화두를 던졌다. 웰빙(well-being)은 잘 먹고 잘 살고 행복하고 건강한 삶을 의미한다. 그렇다면 웰다잉은 바로 웰빙의 완성이라고 볼 수 있다. 지금 우리 사회에 퍼져 있는 물질 숭상도 웰다잉으로 일정 부분 치유할 수 있다. 웰빙이 개인 중심의 사유라면 웰다잉은 '영혼의 성숙'과 '사랑의 실천'으로 확장하는 것을 의미하기 때문이다.

우리의 일상에서 흔히 일어나는 사례를 하나 보자. 고등학생 아들을 둔 어느 학부모는 사춘기 아들이 자신에게는 짜증만 내다가 스마트폰을 보면 활짝 웃는 것을 보고 상처를 받았다고 한다. 그는 "힘든 수험 공부를 마친 뒤 함께 식사하며 수고했다는 말이라도 건네고 싶은데 그럴 기회가 없었다"고 고백했다. 아들이 자기 방에 들어가버리면 부모도 TV를 보거나 스마트폰을 보며 시간을 보낸다.

전문가들은 이를 '풍요로운 디지털 스킨십 속의 빈곤'이라고 진단한다. SNS상에서는 모든 친구의 포스트에 '좋아요'를 열정적으로 누르면서도 자기 앞에 있는 소중한 사람들에게는 별로 관심을 보이지 않는다. 이것이 지금 우리의 현실이다.

초연결 사회를 살아가면서 하루 24시간이 부족하다는 사람들이 많다. 공부와 업무에 지쳐 정작 자기 자신과 가족을 돌아볼 시간이 없는 '타임 푸어(time poor)', 시간 빈곤자의 삶이다. 과거 '청춘리포트'가 알바천국에 의뢰해 조사한 결과에 따르면, 20~30대의 24%가 하루 중 가족과 보내는 시간이 30분 미만이라고 답했다. 다들 뭔가를 성취하기 위해 바쁘게 살면서도 정작 소중한 가족들과는 멀어지는 아이러니한 상황을 보여주는 결과 같아 서글픈 생각마저 든다.

"우리가 어느 날 마주칠 재난은 우리가 소홀히 보낸 지난 시간에 대한 보복이다."

시간에 대해 이야기할 때 가장 많이 언급하는 나폴레옹의 유명한 명언이다. 현재는 지금도 화살처럼 빠르게 지나간다. 오늘이라도 당장 가족과 친구 등 주변의 소중한 사람들에게 "사랑한다", "고맙다"고 표현하자. 그러면 누구보다 시간을 알차고 의미 있게 보내게 될 것이다.

코로나블루, 행복한 가정을 위한 하루 한 문장

모두가 바쁜 '시간 빈곤' 시대에 흘려버리는 시간이 없는지 수시로 확인한다.

42

공경

- 훗날 자녀에게 대우받으려면 지금 부모님을 대우해드리면 된다

우리는 내 아이들의 건강에 대해서는 24시간 신경 쓰고 돌보면서 우리를 키워주신 부모님은 바쁘다는 핑계로 제대로 돌보지 않는 우를 범하곤 한다. 사실 나부터 예외가 아니다.

몇 년 전 주말의 일이다. 혼자 사시는 어머니와 통화하는데 "오늘따라 어지럽고 몸이 이상하다"고 하셨다. 그래서 응급실로 가자고 말씀드리니 주말에는 병원비가 비싼데 응급실은 더 비싸지 않겠냐며 참겠다고 하셨다. 결국 간신히 설득해서 병원에 모시고 가 간단한 검사를 받고 의사와 면담을 했다. 의사는 "혈당 수치가 너무 급하게 올랐다"며 입원해서 정밀검사를 해보자고 했다.

어머니는 주말에 우리에게 주시려고 밤새 반찬을 만들어 피곤한 데다 아침에 매실 주스를 마셔서 그런 것 같다고, 돈 들여서 왜 입원을 하냐며 몸도 나아졌으니 집에 가겠다고 고집을 부리셨다. 그러는 와중에 의사가 갑자기 잠깐 보자고 하

는 게 아닌가.

순간 더럭 겁이 났다. 의사는 “혈당이 갑자기 올라갔다는 것은 췌장 쪽에 문제가 생겨서 그런 것일 수도 있다”고 설명하더니 “확률은 극히 낮지만 췌장암일 수도 있다”고 했다. 나는 깜짝 놀라 곧장 입원 수속을 밟았다. 어머니는 갑자기 오느라 아무것도 가져오지 못했으니 집에 가서 옷과 간단한 소지품을 챙겨 오라고 하셨다.

어머니 집을 자주 가긴 했지만 아무도 없는 어둡고 빈집이 왠지 낯설고 어색했다. 어머니의 오래된 옷가지와 주방에 놓여 있는 음식을 보는 순간, 나도 모르게 울컥 눈물이 쏟아졌다. 췌장암이면 어쩌나 하는 불안과 걱정이 엄습했고, 홀로 외로웠을 어머니를 생각하니 불효자가 된 것 같아 눈물이 앞을 가렸다. 다행히 어머니는 무사히 퇴원하셨지만, 그 후 당뇨병으로 일상에서 많은 불편함을 겪어야 했다.

아버지가 돌아가셨을 때 어머니는 겨우 40대 초반이었다. 그때부터 삼형제를 키우기 위해 식당일을 하며 온갖 노력을 하셨다. 평생 옷 한 벌 제대로 안 사 입고, 비싼 음식 한 번 못 먹고, 맛있는 음식은 냉장고에 넣었다가 자식이나 손자들이 오면 꺼내주셨다. 이처럼 우리 부모님들은 먹고살기 힘든 시절을 겪으면서도 자식에게 무한한 애정을 베푸는 세대다. 자식들에게 다 퍼주고 빈껍데기만 남은 불쌍한 분들이다.

어머니라는 이름으로 과연 불가능한 것이 무엇일까? 어느 신문에 이런 내용의 기사가 실렸다.

치매를 앓는 할머니가 보따리 두 개를 품에 안은 채 발견되었다. 경찰은 수소문 끝에 가족과 연락이 닿아 할머니를 모시고 산부인과 병원으로 갔다. 그곳에는 출산한 할머니의 딸이 입원해 있었다. 할머니가 들고 있던 보따리 하나에는 이불이, 다른 하나에는 밥과 미역국, 나물 반찬이 들어 있었다. 오전에 길을 잃고 오후 8시가 다 되어서야 병실에 도착했으니 음식은 이미 식어 있었다. 딸은 말없이 눈물을 흘렸고, 간호사들은 사연을 듣고 안도의 박수를 쳤다.

부산경찰청 페이스북에 이 이야기가 실리자 누리꾼들은 앞다투어 댓글을 달고 퍼 날랐다. 파출소에는 시민들의 칭찬 전화가 쏟아졌다. 또 많은 사람이 달걀, 일회용 기저귀, 화장지, 라면, 음료수를 들고 파출소를 찾아왔다고 한다. 비록 당사자에게는 안타깝고 그나마 천만다행인 해프닝이었지만, 많은 사람이 이 사연을 듣고 공감하고 위로를 받았던 것이다. 딸의 몸조리를 위해 밥과 반찬을 준비한 어머니의 지극한 자식 사랑, 이제 누구에게나 남의 일이 아닌 치매라는 병, 새 생명의 탄생이라는 경사에다 경찰관의 헌신적 태도까지 포함된 훈훈한 이야기였다.

예전에 어느 유명인이 했던 이야기도 인상 깊다. 연로한 부모님을 모시고 처음으로 해외여행을 갔다가 돌아오는 길에 어디가 가장 좋으셨느냐고 물어보니 특별히 무엇을 봐서, 어디를 가서 좋았다기보다는 자식하고 모처럼 시간을 보낸 게 가장 좋았다고 하셨단다. 이 이야기를 들으니 부모님과 잠시라도 시간을 함께 보내는 건 어떨까 하는 생각이 들었다. 꼭 멀리 여행을 가지 않아도, 맛있는 음식점에 가지 않아도, 좋은 선물을 하지 않아도 세상의 모든 부모는 자식과 같은 공간에서 시간을 보내는 것만으로도 행복할 테니 말이다.

명절이 다가오면 세상을 떠난 아버지나 어머니는 더욱 그리운 이름이 된다. 부모를 여읜 사람은 그 허전함과 함께 모두 죄인이라는 말이 더 실감난다. 하지만 안타깝게도 우리 국민 4명 중 3명은 친조부모와 외조부모를 '우리 가족'으로 여기지 않는다고 한다. 닐슨컴퍼니코리아를 통해 '제2차 가족실태 조사'를 해보니 우리 사회의 핵가족화 경향이 심화하면서 가족의 범위가 대폭 축소되고, 가족에 대한 인식도 급격히 둔화하고 있는 것으로 나타났다. 조사 결과에 따르면 친조부모와 외조부모를 가족으로 인식한 비율은 각각 23%, 21%로 5년 전(64%, 48%) 조사 때보다 크게 줄었다. 아이들이 할아버지 할머니도 가족으로 느낄 수 있게 의식적으로 공을 들여야 할 것 같다.

언젠가 아버지를 암으로 잃은 20대 재미교포 지나 양의 기사를 본 적이 있다. 지나는 아버지 실물 크기의 사진을 가지고 다니며 파리의 에펠탑, 로마의 콜로세움 같은 명소 앞에서 사진을 찍어 화제가 되었다. 지나의 아버지는 가족 여행 한

번 가지 못하고 열심히 일만 하다 병을 얻어 일 년 만에 세상을 떠났다고 한다. 사랑하는 아버지를 잃은 충격은 우울증으로 돌아왔고, 지나는 돌연 다니던 회사를 그만두고 편도행 비행기 티켓을 끊어 아버지 사진과 함께 무작정 유럽으로 떠났다. 돌아가신 아버지와 함께한 여행이 그에게는 의미 있는 치유 여행이 되었을 것이다.

'노래지희(老萊之戱)'라는 말이 있다. 중국 춘추시대 초나라의 노래자(老萊子)라는 사람이 나이 70에도 색동옷을 입고 어린애처럼 응석을 부려 늙은 부모를 즐겁게 해주었다는 데서 유래한 고사성어다. 자식이 아무리 나이를 먹어도 자식을 바라보는 부모의 마음은 똑같을 것이다. "내리사랑은 있어도 치사랑은 없다"는 말이 있듯 우리가 부모님께 받은 사랑을 모두 갚기란 쉬운 일이 아니다. 하지만 더 늦기 전에 우리가 받은 사랑을 조금씩이라도 돌려드려야 한다. 마음을 담은 전화 한 통, 짧더라도 함께 보내는 의미 있는 시간……. 거창하지 않아도 충분히 마음을 표현할 수 있다.

오늘 당장 부모님께 전화드리자. 그런 나를 통해 우리 아이도 자연스럽게 효(孝)의 의미를 깨닫게 될 것이다.

코로나블루, 행복한 가정을 위한 하루 한 문장

우리는 부모에게 영원한 '어린아이'다.

43

책 쓰기

- 세상은 당신의 명령(책)을 기다리고 있다

부모로서 살아가는 우리에게는 각자 오래전부터 간직해온 꿈이 있을 것이다. 학창 시절 책을 좋아하는 문학청년이었을 수도 있고, 지금이라도 1인 콘텐츠를 생산하는 유튜버로서 세상을 향해 이야기하고 싶을 수도 있다. 그런 꿈을 반영하듯 향후 우리나라에서 자신의 이야기를 자서전 등 책으로 쓰고 싶은 사람이 많아질 것으로 전문가들은 예상한다.

언제부터인가 우리 사회에서 공무원의 인기가 치솟고 있다. 몇 번의 경제위기를 겪으며 '안정'이 직장 선택의 최우선 조건이 된 것이다. 전국의 수많은 젊은이들이 노량진으로 몰려들고 있고, 9급 공무원에 합격한 서울대생의 이야기가 화제가 될 정도다.

4차 산업혁명이라는 거센 변화의 파고가 몰아치는 오늘날, 부모님을 잘 만나 먹고사는 걱정이 없는 소수를 빼고는 모두가 고용이 불안정한 상태라고 볼 수 있다. 직장인이든 자영업자든 언제든 실직의 위기에 몰릴 수 있다. 이런 불안함과 스트레스의 틈바구니에서 자신의 생존을 위해 할 수 있는 가장 효과적인 방법이 책 쓰기라는 생각이 든다. 최근 불고 있는 책 쓰기 열풍도 불안정한 사회 현상의 반영일 것이다.

유명한 작가가 아니더라도 의지만 있으면 누구나 책을 쓸 수 있다. 국문과, 문예창작과 출신의 신춘문예 당선자만 글을 쓰는 게 아니다. 유명한 종교인이나 저명한 교수들만 책을 쓸 수 있는 것도 아니다. 오늘날 독자들은 화려한 수사나 미사여구보다는 쉽고 공감 가는 글에 관심을 가진다. 특히 의미 있는 콘텐츠나 현장에서 일어나는 날것 그대로의 스토리를 듣고 싶어 한다. 그래서 현장의 노하우가 있는 우리 소시민들이 글쓰기에 적극 나서야 한다. 꼭 업무와 관련된 전문적인 내용이 아니어도 좋다. TV 속 '생활의 달인'이 그 나름의 의미를 주듯 우리가 일상에서 겪고 느낀 소재를 모으면 훌륭한 책이 될 수도 있다.

이 시대를 사는 사람들이라면 상사와의 불화에, 팍팍한 현실에 답답해서 사표를 던지는 상상을 해보았을 것이다. 하지만 가장이라는 굴레 때문에 쓴 소주 한잔에 울분을 삼키고 참아야 했다. 그럴수록 우리는 마음속으로 자유를 꿈꾼다. 시간으로부터의 자유, 금전으로부터의 자유, 공간(회사)으로부터의 자유…….

세계 최고를 자지하는 사영업사 비율과 골목의 과다 경쟁으로 폐업하는 수많은 커피숍, 치킨집, 편의점은 앞으로 다가올 우리의 미래를 더 암울하게 만든다. 이런 상황일수록 우리는 현직에 있을 때 독기를 품고 자신만의 노하우를 담은 책을 써서 제2의 전성기를 모색해야 한다. 은퇴 후에 책을 쓴다는 것은 신체적으로도 정신적으로도 쉽지 않다. 어떤 이는 책 쓰기를 '자기 계발의 끝판왕'이라 표현하기도 했다.

적은 비용으로 자기 브랜드를 확실히 높일 수 있는 책 쓰기에 도전하는 문제를 오늘부터라도 심각하게 고민해보자. 인세, 강연료 등 예상 밖의 보너스는 덤으로 따라올 것이다. 물론 책 쓰기를 통해 경제적 이익 못지않게 자신이 나아갈 방향을 정리해보는 소중한 시간을 가질 수 있다. 나는 책을 통해 세상에 '선한 영향력'을 끼칠 수 있는 점이 책 쓰기의 가장 큰 매력이 아닌가 생각한다.

책 쓰기는 기본적으로 세상을 바꾸는 큰일이다. 먼 길을 가려는 사람은 진짜 자신만의 내공을 쌓아 정면 승부를 해야 한다. 같은 물을 먹어도 젖소는 우유를, 독사는 독을 뿜어낸다고 하지 않는가. 특히 우리 부모 세대처럼 직장 경력이나 자신의 분야에 내공이 있는 사람이라면 더 유리하다. 일단 책을 쓰려면 마음이 편안해야 하고, 마음이 편안하려면 안정된 수입이 있어야 하기 때문이다. 책 쓰기는 장기적인 승부인 만큼 직장 생활로 지속적인 수입이 있을 때 시도해보는 것이 좋다.

책 쓰기를 고민하던 몇 년간, 나를 비롯해 많은 직장인이 비슷한 꿈을 품고 있다는 것을 알 수 있었다. 그것은 바로 죽기 전에 자기 이름으로 책을 한 권 내보는 것이다. 책을 내고 싶은 이유는 저마다 다르겠지만, 그중 가장 큰 이유는 자신만의 노하우와 전문성을 담은 책을 집필해 개인의 브랜드 가치를 높이고 성취감을 느끼기 위해서가 아닐까?

그런데 직장인에게는 '저자'라는 명칭이 사실 만만치 않다. 책 읽을 시간조차 내기 어려울 때가 많은데 책까지 쓴다는 게 만만한 일은 아니기 때문이다. 나도 '언젠가는 책을 꼭 쓰고야 말리라'는 다짐을 매번 해왔지만 턱없이 부족한 시간, 소재에 대한 고민 그리고 '할 수 있을까?' 하는 의구심 때문에 한 발도 내디디지 못했다. 언젠가는 여유가 되어 쓸 수 있겠지 했는데, 벌써 10년이 지나버렸다. 하지만 나이를 먹을수록 내 주변에 책을 쓰는 사람이 한두 명씩 나타나는 것을 보며 '나도 이제는 진짜 책을 써야겠다'고 결심하게 되었다.

특히 직장인이 책을 써야 하는 이유는 평소 꽁꽁 숨겨놓은 자신의 지식과 경험을 자연스럽게 글로 쓰면 되기 때문이다. 직장인의 경우 본인이 하는 일에서, 소속된 조직에서, 자신을 둘러싼 업종에서 귀로 듣고, 눈으로 보고, 온몸으로 체득한 알토란 같은 지식이 가득하다. 본인만 모를 뿐 그 지식이 다른 사람에게는 소중한 자산이 되고 지적인 쾌감을 이끌어낼 수 있다.

그런데 대부분의 직장인이 그 지식의 가치를 잘 모르거나 무시하다가 지식의 가치가 떨어지는 퇴사 후에 그것을 책으로 정리하는 우를 범한다. 살아 있는 지식의 생명력이 극대화되는 시점인 현직에 있을 때, 바로 지금 써야 한다. 우리는 오늘의 지식이 내일의 지식이라고 할 수 없을 만큼 숨 가쁘게 돌아가는 세상에서 살고 있기 때문이다.

또한 책을 쓴다는 것은 지식과 경험을 복기할 수 있다는 장점이 있다. 바둑기사들은 대국이 끝나면 꼭 복기를 한다. 직장인도 마찬가지다. 프로젝트가 끝나면 결과 보고서나 성과 보고서를 통해 산출물을 만든다. 어떤 일이든 끝나고 나면 복기 과정을 거쳐야 일하는 과정에서 무엇이 잘못되었는지 파악할 수 있고, 그 징비록을 통해 개선해나갈 수 있다.

책 쓰기는 직장 경력에 화룡점정(畵龍點睛)을 찍는 일이다. 책 출간이 흔해진 세상이기는 하지만 직장인이 자신의 지식과 경험을 재직 기간에 책으로 써낸다는 것은 분명 쉽지 않은 일이다. 그래서 책을 낸 직장인을 바라보는 시선이 달라질 수밖에 없다. 직무나 기술 관련 책을 내게 되면 그 분야의 '전문가'로 인정받게 되며, 이는 곧 직장인 개인의 브랜드 가치를 높이는 것과 직결된다.

큰 회사를 다니고 높은 자리에 있다고 해도 그것이 영원할 수는 없다. 대단한 성과를 내고 포상을 받았다고 해서 해마다 포상을 받는 것은 아니다. 인사 평가를 한 번 잘 받았다고 해서 매년 같은 등급의 고과를 받는다는 보장도 없다. 하지만 책을 내고 얻는 작가 타이틀은 평생을 따라다니며 직무 전문성을 증명해준다. 나보다 먼저 책을 출간한 지인은 석사나 박사보다 작가라는 타이틀이 업무 전문성이나 금전적 측면에서 실질적으로 도움이 되었다고 이야기해주었다.

그간 쌓아온 우리 삶의 노하우를 쏟아내자. 내 인생을 걸어보자. 책 쓰기는 영혼을 담아내는 작업이다. 세상을 긍정적으로 바꾸겠다는 각오이자 소명 의식이다. 그러려면 내가 먼저 타올라야 한다. 그래야 다른 사람을 불태울 수 있다. 그 불이 세상을 바꾸는 큰 불이 될지 한 사람을 위한 따스한 온기가 될지는 아무도 모른다. 그것을 알려면 먼저 불을 붙여야 한다.

책 쓰기는 나 자신을 만나는 소중한 시간이다. 학창 시절이 지나고 나면 아무도 우리에게 공부하라고 하지 않는다. 그럼에도 책 쓰기를 통해 배움의 끈을 놓지 않는 것이 인생에 대한 예의라고 생각한다. 보통 사람은 등 따뜻하고 배가 부르면 위기가 온다고 한다. 그 순간에도 겸손하게 꾸준히 노력하기는 쉽지 않기 때문이다. 자신이 지금 잘나간다면 책을 써야 한다. 언제 내리막을 걷게 될지 모르기 때문이다.

또한 지금 내 삶에 시련이 있고 아픔이 있다면 더욱 책을 써야 한다. 다산 정약용도 유배 생활을 하는 동안 많은 작품을 썼다. 내가 직장에서 큰 고통을 겪고 있다면, 엄청난 위기에 봉착해 있다면 그 또한 책을 써야 할 최적의 시점이다. 바빠서 책을 쓸 시간이 없다는 것은 핑계다. 바쁘기 때문에 더 책을 써야 한다. 마냥 바쁘게만 살다 보면 언젠가는 불행한 자신을 만나게 될 것이다.

호랑이는 죽어서 가죽을 남기고, 사람은 책 한 권이라는 흔적을 남겨야 한다. 아이들에게 책을 많이 읽으라고, 공부하라고 채근하는 대신 나부터 책을 읽고, 공부하고, 나의 인생을 글로 정리해보자. 세상은 당신의 책을, 아니 당신의 명령을 기다리고 있다.

사표를 쓰지 말고 책을 쓰자!

간절히 원하고 상상하면 어느 순간 현실이 되어 있을 것이다.

코로나블루, 행복한 가정을 위한 하루 한 문장

이 세상에 '내 삶의 흔적(책)'을 남기고 떠나자.

44

아지트

- 회사와 집이 아닌 제3의 공간을 만든다

그동안 우리는 대부분의 시간을 회사와 집만 오가며 지냈다. 위에서는 찍어 내리고 아래에서는 치고 올라오는 중압감 속에서도 하루하루를 근근이 버티며 살아왔다. 먹고살기 위해 하루의 대부분을 회사에서 보내고 집에서는 잠만 자는 하숙인 같은 삶에 익숙해졌을지도 모른다. 어찌 보면 부모로서 그 반복적인 삶을 숙명처럼 받아들였던 것 같다.

하지만 최근 들어 삭막했던 우리 가운데도 자기가 좋아하는, 자신만의 취미 생활을 하는 사람들이 점점 많아지고 있다. 서울대 심리학과 최인철 교수의 연구에 따르면 집과 일터를 제외한 '제3의 공간', 즉 아지트가 있는 사람이 행복감이 높은 것으로 나타났다. 제3의 공간은 회사처럼 격식이나 서열이 없는 소박한 곳이다. 그곳에 가면 사람들이 모여 수다를 떨고, 출입이 자유로우며, 음식이 있다. 정리하자면 먹고, 마시고, 이야기할 수 있는 편안한 공간이다.

최근 자신의 집이나 외부에 나만의 공간, 은신처를 만드는 '케렌시아(Querencia)' 열풍이 불고 있다. 케렌시아는 스트레스와 피로를 풀며 안정을 취할 수 있는 공간, 몸과 마음이 지쳤을 때 휴식을 취할 수 있는 나만의 공간을 뜻한다. 케렌시아는 스페인어로 '애정, 애착, 귀소 본능, 안식처' 등을 의미하며, 투우 경기에서는 투우사와의 싸움 중 소가 잠시 쉬면서 숨을 고르는 장소를 말한다. 이는 경기장 안에 확실히 정해진 공간이 아니라 투우 경기 중 소가 본능적으로 자신의 피난처로 삼은 장소로 투우사는 케렌시아 안에 있는 소를 공격해서는 안 된다.

투우장의 소가 케렌시아에서 잠시 숨을 고르고 다음 싸움을 준비하듯 직장인들에게도 방해받지 않고 지친 심신을 재충전할 수 있는 자신만의 공간이 필요하다. 즉, 퇴근길 버스의 맨 뒷자리, 해외여행, 음악회, 공연장, 나만의 공방 등 저마다의 케렌시아가 있다.

나에게는 어떤 아지트, 어떤 케렌시아가 있을까? 그동안 일이 너무 많았기 때문에 회사와 집 외에는 딱히 생각이 나지 않았다. 그런데 곰곰이 생각해보니 교육에 관심 있는 강사들의 발전을 위한 사모임 포럼에 관심을 가지고 정기적으로 나갔던 일이 떠올랐다. 그곳에는 나와 삶의 목표, 철학이 비슷한 사람이 많은 데다 나이도 비슷해서 회사에서 들을 수 없는 유익한 대화가 오갔다. 최신 교육 트렌드를 공유하고 '세상을 좀 더 선한 곳으로 바꾸고 싶다'는 소명과 긍정적 에너지를 서로 교감할 수 있는 삶의 오아시스 같은 곳, 나에게는 그곳이 케렌시아 곧 아지트였다.

현대 성인들의 아지트이자 케렌시아의 또 다른 이름이 덕후나 키덜트(kidult) 문화가 아닐까 생각한다. 키덜트는 어린이(kid)와 어른(adult)을 합친 말로 '어른이', 즉 20세기를 살았던 소년의 마음을 간직한 30~40대 어른을 뜻한다. 성인들의 취미 생활과 관련된 키덜트 시장의 규모는 2014년 5천억 원에서 2015년에는 7천억 원대였으며, 최근에는 1조를 넘어섰다고 한다.

어쩌면 취미 생활을 하라는 이야기가 이기적이고 사치스럽게 들릴 수도 있다. 하지만 나는 의도적으로라도 제3의 공간이나 모임, 취미 생활을 만들어야 한다고 생각한다. 친근한 나만의 공간과 환경이 나의 행복감을 높이고, 나와 기호가 비슷한 사람들로 인해 삶의 즐거움이 커질 수 있기 때문이다.

매년 가장 행복한 나라로 언급되는 덴마크를 보더라도 모든 국민이 각자 오프라인 '소셜 클럽' 활동을 한다. 이들은 단순한 취미 생활부터 전문적인 스포츠 활동까지 사모임을 조직해서 활동한다. 이처럼 온라인이 아닌 오프라인에서 관계를 맺을 때 사람은 더 행복감을 느낀다. 페이스북의 '좋아요'를 아무리 눌러도 온라인에는 온기가 없다. 그것은 소셜 클럽과 같은 사람과 사람 사이의 상호작용을 결코 대체할 수 없다.

회사일과 각종 경조사, 자녀 교육과 부부 고민 등으로 스트레스를 많이 받는 사람일수록 나만의 아지트가 필요하다. 내가 가장 좋아하는 순간이나 장소, 모임이 무엇이었는지 생각해보자. 그리고 언젠가 자기소개서에 적어 냈던 특기나 취미생활이 무엇이었는지 떠올려보자. 회사 내의 동호회 활동도 좋지만, 이왕이면 회사 밖에 제3의 공간을 만들거나 취미 생활을 하기를 바란다. 먹고, 마시고, 이야기할 수 있는 편안한 공간일수록 좋다. 가족과 함께할 수 있는 아이템이라면 더할 나위 없이 좋을 것이다.

우리는 그동안 남이 닦아놓은 정해진 길만 걸어왔다. 회사와 집 외에는 생각조차 제대로 해본 적이 없을 것이다. 그동안 내가 아닌 남의 삶을 살아왔으니 이제부터라도 남이 아닌 나를 위해 살자.

부모로서의 의무감으로 나의 삶을 옥죄거나 내 능력을 너무 오랫동안 가두지는 말자. 이제 '행복한 개인주의자'로 살겠다고 선포하자. 나의 표정이 밝아지고 웃음이 많아지면 가족과 회사에도 긍정적인 영향을 미치게 될 것이다.

코로나블루, 행복한 가정을 위한 하루 한 문장

나와 취미나 관심사가 같은 사람들의 모임을 찾아간다.

45

버킷리스트

- 나를 설레게 하는 나만의 버킷리스트를 만든다

당신에게도 마지막 시간이라는 것이 올 것입니다. 그 순간 멋진 스포츠카를 그리워할 사람이 얼마나 될까요? 누구나 잡고 싶은 손, 기댈 어깨, 귓가에 '사랑해요'라고 속삭여줄 누군가를 그리워할 겁니다. 사업적 성공이나 은행계좌는 당신의 고통을 진정시킬 수 없습니다.

- 카렌 와이어트(Karen M. Wyatt), 《일주일이 남았다면》 중에서

사람은 누구나 죽는다. 이것은 불변의 진리다. 따뜻한 햇살, 이슬 머금은 꽃잎 그리고 사랑하는 가족들과 영원히 헤어져야 할 순간이 반드시 찾아온다. "잘 사는 것은 잘 죽는 것"이라는 말이 있듯이 죽음은 인간이라면 언젠가 맞닥뜨려야 할 숙명이다.

25년을 호스피스 병동 의사로 살아온 카렌 와이어트가 쓴 책에서 삶의 막바지에 신실과 마수한 사람들의 이야기는 우

리에게 많은 울림을 준다. 와이어트는 그들의 마지막을 지켜보며 죽기 전에 해야 할 일 7가지를 정리했다. 이는 마음껏 사랑해보고, 미움이나 걱정에 시간을 낭비하지 말고, 있는 그대로 감사하면서 살 것 등 아주 단순하지만 지키기가 결코 쉽지 않는 것들이다.

사실 버킷리스트(bucket list)는 '죽다'라는 뜻으로 쓰이는 속어 '킥 더 버킷(kick the bucket)'에서 나온 말이다. 중세 시대에 교수형을 집행하거나 자살할 때 올라가는 양동이를 걷어찬 데서 유래됐다고 한다. 버킷리스트는 '죽기 전에 꼭 해야 할 일'을 뜻한다.

2008년 잭 니콜슨, 모건 프리먼 주연의 영화 〈버킷리스트〉는 죽음을 앞둔 두 주인공을 다루고 있다. 같은 병실에 있던 주인공들은 각자에게 남은 시간 동안 하고 싶은 일을 리스트로 만들었고, 병실을 뛰쳐나가 이를 하나씩 실행한다. 영화는 죽음을 앞둔 사람들의 마지막 여정을 꽤나 유쾌하게 그리고 감동적으로 그렸다. 이 영화가 나온 뒤 우리 사회에서도 버킷리스트 작성이 유행처럼 번졌다. 영화처럼 '죽기 전에 꼭 하고 싶은 것들'을 적기도 하고, 새해에 '올해 이루고 싶은 것들'을 작성하기도 한다.

몇 해 전, 암에 걸리자 병원에 입원하는 대신 버킷리스트를 실천한 미국 할머니가 세상을 떠났다. 미국 미시간주의 노마 바우어슈미트 할머니는 암에 걸렸다는 것을 알고는 만 91세의 나이에 미국 대륙횡단 여행을 떠나 13개월의 여정 끝에 숨을 거두었다. 노마 할머니는 자궁암 진단을 받은 직후 남편마저 세상을 떠나자 입원 대신 자동차 여행을 선택했던 것이다.

노마 할머니에게서 보는 것처럼 내 삶의 주체가 된다는 것은 뭔가를 소유하기 위해 분투하는 것과는 다르다. 그런 것들은 우리 영혼의 허기를 채워줄 수 없다. 진정 나를 위한 삶을 살려면 죽음과 동시에 사라지는 것들에 대한 집착을 버려야 한다. 마음의 쓰레기들을 버리고 언젠가 마주할 죽음을 직시하며 나를 지탱할 꿈으로 채워야 한다. 그래야만 나를 따뜻하고 행복하게 해줄 나만의 버킷리스트를 오롯이 완성할 수 있다.

어느 대학 교수는 학생들과 마지막 수업을 할 때 당부의 말로 'CMA'를 꼭 설명한다고 한다. 보통 CMA라고 하면 '자산관리계좌(cash management account)'의 준말로 아는데, 여기서의 CMA는 라틴어 카르페 디엠(carpe diem), 메멘토 모리(memento mori), 아모르 파티(amor fati)의 머리글자다.

첫째, 카르페 디엠은 영화 〈죽은 시인의 사회〉에서 로빈 윌리엄스가 연기한 키팅 선생님이 학생들에게 현재를 즐기고 인생을 특별하게 만들라는 의미에서 한 말이다. 잘못 해석하면 열심히 놀라는 것으로 들리지만, 사실은 순간순간에 충실하라는 이야기다.

둘째, 메멘토 모리는 로마의 개선장군이 노예들을 시켜 외치게 했다고 한다. "언젠가는 죽을 수 있으니 겸손하라"는 교훈이 담겨 있으며, 시간의 유한함에 대한 경고다.

셋째, 아모르 파티는 몇 년 전 가수 김연자가 부른 노래로 더 유명해졌다. 여기서의 파티는 파티(party)가 아니지만, "인생은 지금이야, 가슴이 뛰는 대로 하면 돼"라는 가사처럼 자기 운명을 사랑하면서 자신이 잘할 수 있는, 가슴 뛰는 일을 찾으라는 당부다.

평범한 우리의 삶은 명확한 목표 없이 그저 하루하루 바쁘게 지나간다. 목표 없이 열심히만 사는 것은 도달해야 할 목적지를 모른 채 그저 달리기만 하는 것과 같다. 그동안 뚜렷한 삶의 목표가 없었다면 오늘이라도 당장 써보자. 이왕이면 버킷리스트도 함께 쓰면 더 좋다. 그리고 눈에 잘 띄는 곳에 붙여두자.

나이가 70이 넘은 어느 전직 교도관은 매일 새벽 4시부터 밤 12시까지 리어카를 끌고 다니며 폐지를 주웠다. 그가 폐지를 팔아 하루에 버는 돈은 1만 원 내외였다. 그는 그렇게 모은 돈으로 9년간 고향의 면사무소에 매년 연탄 1,000장과 현금 100만여 원을 보내 어렵게 사는 노인들을 도왔다. 사람들이 선행의 주인공을 궁금해했지만 그는 자신을 드러내려 하지 않았다. 사람들이 어렵게 수소문해 찾아내자 그는 카메라를 피해 어둠 속으로 총총 사라졌다. 그의 버킷리스트는 오로지 남을 위해 아낌없이 주는 것이었을 뿐이다.

이제 우리는 남은 인생의 버킷리스트를 무엇으로 채울까?

버킷리스트는 사실 미래를 위한 것만은 아니다. 어쩌면 과거와 더 가까이 있는 것인지도 모른다. 죽기 전에 하고 싶은 것이 무엇인지 하나둘 꼽아보려면 쏜살같이 지나온 나날을 먼저 찬찬히 들여다봐야 하기 때문이다. 그 과정 속에서 우리는 부모가 되기 아주 오래전부터 잊고 지냈던 자신과 오롯이 만날 수 있을 것이다.

코로나블루, 행복한 가정을 위한 하루 한 문장

오늘 나만의 버킷리스트를 적고 수시로 삶의 방향을 잡아나간다.

부모의 '진짜 힘'은 어디에서 올까?

코로나19가 장기화되면서 부모들과 아이들이 마주하는 시간이 많아졌다. '돌밥돌밥(돌아서면 밥, 돌아서면 밥)'은 기본이고, 맞벌이 가정의 경우는 더욱더 힘든 시간을 보내고 있을 것이다. 자연스레 아이들과의 갈등도 커졌다고 한다. 온라인 교육으로 인한 학습 태도, 못마땅한 생활 습관 등 그전에는 보이지 않던 단점들이 드러났기 때문이다.

코로나19로 인해 우리 부모들은 오히려 24시간 내내 아이들에게 온 신경을 집중하는 모양새다. 기본적으로 건강 걱정에다 비대면 교육에 따른 학업 격차 및 교우 관계 걱정, 바르게 잘 살고 있는지 인성 걱정, 게임 등 스마트폰 과몰입 걱정…….

이처럼 시선을 온통 아이에게 두면서 정작 부모 자신을 돌아보는 시간은 절대적으로 부족한 것 같다. 아이를 만나기 전에 먼저 나를 만나야 한다. 내 삶도 정리되지 않았는데 어떻게 배우자와의 관계가 개선되고 내 아이들이 엄친아처럼 자라겠는가?

먼저 나부터 제대로 살고 있는지, 워라밸 시대에 삶의 균형을 잘 맞추고 있는지 돌아보아야 한다. 아이들에게만 "휴대폰 하지 마!" 할 것이 아니라 내가 휴대폰을 너무 많이 사용하지는 않는지, 유튜브나 넷플릭스에 과몰입하고 있지는 않은지 냉철히 돌아볼 때다. 부모들이 솔선수범해 손에서 책을 놓지 않고 배움을 게을리하지 않는다면 "나 때는 말이야(Latte is a horse)~"로 웃음거리가 되는 '꼰대 부모'를 탈피할 수 있을 것이다.

이번 기회에 친구들이나 주변 사람들과의 관계도 점검해보자. 긍정적인 에너지를 '뿜뿜'하는 친구를 가까이하고 나 자신도 그런 사람이 되기 위해 노력하자. 특히 학교 졸업 이후로 자신이 책을 얼마나 읽고 있는지도 돌아보자. 정작 자신은 책을 멀리하면서 아이들에게 "공부해라!", "책 읽어라!" 강요하지는 않았는지 말이다.

나를 만나고 난 뒤에는 배우자를 만나야 한다. 부부 사이에 대화가 많고 사이가 좋으면 가정 내에 '안전존(comfort zone)'이 생기기 때문에 아이들은 그 안전존에서 인성을 쌓고 세상과 싸워나갈 용기도 얻는다. 아이들은 마치 '녹음기'처럼 부모가 하는 것을 그대로 따라 한다. 그래서 부모들이 자신의 양가 어른들에게 잘하면 아이들도 부모들에게 잘하게 되는 것이 당연한 이치다. 〈우리 아이가 달라졌어요〉 등 그동안의 수많은 육아 프로그램을 보면 공통적인 결론에 도달한다.

"문제 아이는 없다. 단지 문제 부모가 있을 뿐이다."

오늘부터 당장 내 삶의 가치관부터 바로 세우자. 어린 시절의 꿈도 소환해보자. 부모가 다른 사람들의 시선에 흔들리면 아이들도 흔들리게 마련이다. 특히 우리 가족만의 성공에 대한 정의를 다시 내려야 한다. 가훈을 넘어 건강한 가풍을 만들어나가자.

그런 의미에서 코로나 팬데믹 상황으로 온 세상이 정신없이 돌아가는 지금, 우리 부모들부터 스스로 성공의 정의를 명확히 내릴 필요가 있다. 다른 사람의 정의가 아니라 나 자신의 정의여야 한다. 더 나아가 부부간의 심도 있는 대화를 통해 우리 가족만의 성공 기준도 찾아야 한다. 아이가 단순히 "돈을 많이 벌어 성공한 인생"을 살기를 바라는지, 아니면 진정 원하는 것을 찾아 "좋은 사람들과 더불어 환하게 웃는 인생"을 살기를 바라는지 말이다.

일찍이 철강왕 앤드류 카네기(Andrew Carnegie)는 "타인을 부자로 만들지 않고서는 아무도 부자가 될 수 없다"고 말했다. 또한 플라톤(Platon)은 "남을 행복하게 해줄 수 있는 사람만이 행복을 얻을 수 있다"고 했다. 먼저 타인의 행복과 성공을 도우면 자연스럽게 나의 행복과 성공이 따라온다는 것이다.

건강한 아이를 낳든
작은 정원을 가꾸든
사회 환경을 개선하든
자신이 태어나기 전보다
세상을 조금이라도 더 살기 좋은 곳으로
만들어놓고 떠나는 것
자신이 한때 이곳에 살아서
단 한 사람의 인생이라도 행복해지는 것
이것이 진정한 성공이다

- 랄프 왈도 에머슨(Ralph Waldo Emerson)

우리가 사는 이 시대에 진정한 성공이란 무엇일까? 정답은 없다. 개인마다 살아온 역사가 다르고 가정환경도 다르기 때문이다. 다만 내가 이 세상에 존재함으로써 우리 아이를 포함해 단 한 사람이라도 더 행복해지는 것, 이것이 진짜 성공이 아닐까? 그리고 이것이 '진짜 부모의 힘'이 아닐까?

부모력 참고자료

김태윤, 《토닥토닥 마흔이 마흔에게》, 고즈윈출판사, 2018. 7. 18.

김경일, '한국형 번아웃' 막으려면 혼자만의 시간 더 가져라, 〈매일경제〉, 2019. 10. 10.

김슬기, 적극적인 고독으로 삶의 방향 점검하라, 〈매일경제〉, 2011. 12. 2.

배영대, 자신을 사랑하고 안아줘라 … 셀프 위로 아닌 'BTS 만트라', 〈중앙선데이〉, 2019. 11. 16.

혜민스님, [마음산책] 가장 위대한 사랑, 〈중앙일보〉, 2013. 11. 15.

김덕권, 자존감과 자존심, 〈뉴스프리존〉, 2018. 12. 6.

조현용, 자존심과 자존감, 〈재외동포신문〉, 2012. 3. 25.

이가영, [시선2035] 참을 수 없는 SNS의 가벼움, 〈중앙일보〉, 2019. 9. 4.

홍병기, 아날로그의 소환, 〈중앙선데이〉, 2020. 1. 4.

민경원, [시선2035] 우리가 쓰고 있는 가면, 〈중앙일보〉, 2019. 4. 17.

장강명, [마음 읽기] 싸구려 스낵, 짧은 정보 그리고 인간다움, 〈중앙일보〉, 2019. 10. 2.

배현정, 메모 달인들이 제안하는 新적자생존법, 〈머니투데이〉, 2010. 8. 30.

배상복, [뉴스 클립] 언어가 힘이다 〈35〉 글쓰기가 경쟁력, 〈중앙일보〉, 2011. 6. 22.

이영욱, 강연 · 토론 · 콘서트 … 이곳은 생각을 나누는 '살롱', 〈매일경제〉, 2019. 4. 14.

장은수, [책과 미래] 독서를 돈으로 사겠다고?, 〈매일경제〉, 2019. 2. 2.

이은아, [매경데스크] 또 한 번 노벨상 시즌을 보내며, 〈매일경제〉, 2019. 10. 18.

김연주, 집단 '침묵의 시대' … 당장 휴대폰부터 꺼라, 〈매일경제〉, 2018. 6. 15.

혜민스님, [마음산책] 새로운 고독, 〈중앙일보〉, 2015. 8. 7.

김환영, 6분 30초마다 스마트폰 꺼내 드는 현대인, 〈중앙선데이〉, 2018. 6. 16.

권혁주, [분수대] 한국 졸업식에 없는 것, 〈중앙일보〉, 2019. 2. 19.

이에스더, [분수대] 악성 댓글, 〈중앙일보〉, 2019. 10. 16.

혜민스님, [마음산책] 경멸의 시대, 〈중앙일보〉, 2019. 10. 16.

최모란 · 이가영 · 최은경, 설리 추모글에도 악성 댓글, 〈중앙일보〉, 2019. 10. 16.

김소엽, [커버스토리] 꿈을 현실로 만드는 다이어리, 〈중앙일보〉, 2016. 1. 6.

유지우, 다이어리 활용법! 제대로 알려드립니다, SK에너지 라이프인사이드, 2014. 12. 10.

이용구, [매경춘추] 결혼식 주례, 〈매일경제〉, 2014. 6. 3.

이재철, [마음산책] 결혼은 서로 '죽는' 것이다, 〈중앙일보〉, 2010. 4. 24.

김미경, [매경춘추] 부부로 사는 연습, 〈매일경제〉, 2008. 6. 2.

오진세, [시론] '유튜브혁명' 이끄는 1인 미디어, 상식을 바꾸다, 〈중앙일보〉, 2019. 1. 17.

심윤희, [필동정담] 유튜버가 꿈, 〈매일경제〉, 2019. 10. 23.
김병필, 동영상 시대와 인공지능, 〈중앙일보〉, 2019. 8. 14.
정형모, 생각하라, 보이는 대로 이끌리지 말고, 〈중앙선데이〉, 2019. 7. 20.
남윤서, 초등생 장래희망 유튜버가 3위, 의사 제쳤다, 〈중앙일보〉, 2019. 12. 11.
이선희 · 강인선, SNS서 눈을 뗄 수가 없어요, 〈매일경제〉, 2018. 7. 2.
사석원, 새해에 띄우는 편지 – 아들에게, 〈중앙일보〉, 2014. 1. 9.
윤태성, [매경춘추] 벽에 키 재기, 〈매일경제〉, 2012. 11. 19.
김경희, [시선2035] Are you happy?, 〈중앙일보〉, 2018. 12. 12.
정진홍, 아이의 시선이 미래를 연다, 〈중앙일보〉, 2008. 5. 3.
이영직, [삶의 향기] 왜 히딩크인가, 〈중앙일보〉, 2012. 6. 14.
한준상, [매경시평] '배움' 없이 '학습'만 강요하는 학교, 〈매일경제〉, 2011. 5. 8.
박원호, [중앙시평] 메이저리그와 대학 입시, 〈중앙일보〉, 2019. 6. 21.
윤석만, 19세기 교육 21세기 학생 "2030년 대학 절반 문 닫는다", 〈중앙일보〉, 2018. 7. 26.
윤석만, [뉴스 클립] 밥상머리 교육, 〈중앙일보〉, 2012. 7. 6.
한진, '집밥' 찾는 사람이 는다, 〈중앙일보〉, 2014. 10. 7.
강영운, 샘 해밍턴, "넘어진 아이, 혼자 설 수 있게 지켜봐주세요", 〈매일경제〉, 2020. 1. 14.
이우근, [중앙시평] 가정, 처음이자 마지막 배움터, 〈중앙일보〉, 2012. 5. 21.
양성희, 우리는 어떤 부모인가, 〈중앙선데이〉, 2019. 2. 2.
김미경, [세상사는 이야기] 공부 그만해라, 아버지 힘들다, 〈매일경제〉, 2018. 2. 9.
김환영, 인생의 승객 아닌 운전자 되려면 '생각에 대한 생각'이 열쇠, 〈중앙선데이〉, 2019. 9. 7.
함규정, [기고] 사람과 부대끼며 살아야 행복하다, 〈매일경제〉, 2010. 9. 20.
최인철, [마음 읽기] 오해가 습관인 사람들과 살지 않는 행복, 〈중앙일보〉, 2019. 11. 20.
백성호, 인공지능 시대, 명상과 영성이 필요한 까닭은, 〈중앙일보〉, 2019. 9. 18.
엄을순, [삶의 향기] 명품인생 감별법, 〈중앙일보〉, 2013. 3. 12.
김성탁, 영국 '외로움 담당 장관' 생겼다, 〈중앙일보〉, 2018. 1. 18.
성시윤, 학교 폭력을 '모른 척'하는 학생들, 〈중앙일보〉, 2018. 8. 28.
엄을순, [삶의 향기] 남의 아픔 읽을 줄 아는 것이…, 〈중앙일보〉, 2012. 8. 23.
혜민스님, [마음산책] 너도 나처럼 아팠구나, 〈중앙일보〉, 2018. 1. 10.
배명복, 벼랑 끝에서도 희망을 잃지 않는 긍정적 사고의 힘, 〈중앙일보〉, 2012. 12. 1.

한병희, [세상사는 이야기] 그대는 행복을 아는가, 〈매일경제〉, 2011. 11. 4.

이재철, [마음산책] 노인과 어른의 차이, 〈중앙일보〉, 2010. 5. 22.

윤상환, 신문 많이 읽는 국가가 부정부패 · 사회갈등 적다, 〈매일경제〉, 2011. 4. 6.

이후남, "구독료 영수증 가져오세요" 신문 읽기 권하는 교수님, 〈중앙일보〉, 2012. 6. 4.

이가윤, 모니터는 그저 보는 것뿐 종이신문이 진짜 읽는 것, 〈매일경제〉, 2011. 4. 6.

최인철, 삶을 성공적으로 바꾼 사람들, 〈중앙일보〉, 2020. 1. 15.

최상태, [j Global] 브라이언 트레이시, 〈중앙일보〉, 2011. 5. 7.

김성원, 유니폼 어디에도 선수 이름 없는 팀, 그 이름 뉴욕 양키스, 〈중앙일보〉, 2011. 6. 28.

손아미 · 남수정, 자랑보다 자성, 승진보다 헌신, 〈매일경제〉, 2019. 10. 17.

강승아, '덕후'가 행복한 세상, 〈부산일보〉, 2018. 1. 4.

박종세, 마틴 교수와 영감 주고받는 세계적 경영 대가들, 〈위클리비즈〉, 2010. 8. 21.

정승환, '성공'까지 1만 시간, 〈매일경제〉, 2010. 3. 5.

유관희, [매경춘추] 헛걱정, 〈매일경제〉, 2011. 5. 18.

배영대, 위로 필요한 시대 … 오늘을 살아가세요, 〈중앙선데이〉, 2019. 5. 4.

정여울, 욜로와 휘게, 행복의 기준점을 바꾸다, 〈중앙일보〉, 2017. 7. 8.

혜민스님, [마음산책] 내 속에 있는 두 개의 나, 〈중앙일보〉, 2018. 2. 7.

박종훈, 기나긴 겨울밤 잠 못 드는 병, 〈중앙선데이〉, 2019. 12. 28.

이민영, 우울한 당신, 욱하는 아이…, 〈중앙일보〉, 2017. 12. 13.

김하경, 펠프스 "우울증으로 자살까지 생각", 〈매일경제〉, 2018. 1. 18.

신성식 · 이에스더 · 황수연 · 정종훈, "우울증 환자에 힘내라?", 〈중앙일보〉, 2019. 10. 29.

신성식 · 이에스더 · 황수연 · 정종훈, 우울증 환자 76%가 스스로 해결, 〈중앙일보〉, 2019. 10. 28.

신성식 · 이에스더 · 황수연 · 정종훈, 인구 550만 핀란드, 40만이 우울증약…, 〈중앙일보〉, 2019. 10. 31.

정종훈, 우울증, 그들을 보듬는 평범한 말 한마디, 〈중앙일보〉, 2019. 11. 1.

양성희, [분수대] '삼시세끼'에 빠지다, 〈중앙일보〉, 2014. 11. 22.

송인한, [삶의 향기] 빠름의 역습, 〈중앙일보〉, 2019. 7. 16.

혜민스님, [마음산책] 아무것도 하고 싶지 않은 날, 〈중앙일보〉, 2019. 1. 9.

손민호, 산티아고 순례길을 걸으러 가며, 〈중앙일보〉, 2019. 11. 1.

문유석, 웅팔을 보며 꿈꾸는 위아래 없는 사회, 〈중앙일보〉, 2015. 12. 22.

송길영, 3세대 커피와 4차 산업혁명 그리고 5G, 〈중앙일보〉, 2019. 5. 20.

신아연, [삶의 향기] "등 좀 밀어 주실래요?", 〈중앙일보〉, 2013. 10. 3.

이후남, 90년대 아이들과 레트로 취향, 〈중앙일보〉, 2019. 9. 17.

이후남 · 민경원, '뭣이 중헌디'에 뜨끔…, 〈중앙일보〉, 2016. 12. 28.

배영대, 마음속 '성난 호랑이' 재우고…, 〈중앙선데이〉, 2019. 9. 28.

배영대, 건포도 한 알서 시작한 마음 챙김, 〈중앙선데이〉, 2019. 7. 13.

배영대, 건포도 한 알 느끼고 씹고 삼키기 10분…, 〈중앙선데이〉, 2018. 8. 25.

혜민스님, [마음산책] 항상 구하는 마음, 〈중앙일보〉, 2018. 7. 25.

서정돈, [매경의 창] '비움'의 비즈니스, 〈매일경제〉, 2010. 2. 18.

자현스님, [매경춘추] 진정한 행복이란, 〈매일경제〉, 2019. 9. 12.

신예리, [삶의 향기] 감사가 답이다, 〈중앙일보〉, 2019. 5. 7.

일묵스님, 스님, 무슨 재미로 사세요?, 〈중앙일보〉, 2013. 10. 19.

노정남, [매경춘추] 사람중심 사회, 〈매일경제〉, 2011. 6. 3.

장박원, [CEO인사이트] 허브 켈러허 회장의 인간존중, 〈매일경제〉, 2019. 1. 10.

강신장, [세상읽기] 선거의 해 2020… 리더의 조건, 〈매일경제〉, 2019. 12. 12.

김학규, [매경춘추] 어떠한 리더가 될 것인가, 〈매일경제〉, 2019. 12. 12.

김경일, 타부서도 챙겨주는 '오지라퍼'…, 〈매일경제〉, 2019. 5. 10.

김인수, "리더라면 직원이 먹고 난 다음에 가장 마지막에 먹어라", 〈매일경제〉, 2014. 7. 25.

이경진, [SNS 세상은 지금] 당신에게 남은 시간, 〈매일경제〉, 2014. 11. 7.

김학규, [매경춘추] 시간의 경제학, 〈매일경제〉, 2019. 12. 4.

윤영두, [매경춘추] 칸트의 시간, 〈매일경제〉, 2010. 8. 6.

이철우, [매경춘추] 현명한 노력가, 〈매일경제〉, 2010. 3. 31.

허연, 당신이 생의 마지막까지 해야 할 일들…, 〈매일경제〉, 2012. 6. 10.

이동호, [기고] 죽기 전에 하고 싶은 일 – 버킷리스트, 〈재외동포신문〉, 2016. 11. 7.

최승표, 캐나다 통나무집에서 북극 오로라를 즐기다, 〈중앙일보〉, 2019. 11. 22.

강석태, 책 쓰는 직장인, LG블로그, 2016. 7. 5.

김인수, 하루 다섯 번 죽음을 전하는 스마트폰 앱, 〈매일경제〉, 2018. 3. 1.

새우와 고래가 숨쉬는 바다

부모力

행복한 가정을 만들어가는 **45가지 父母力**

지은이 | 김태윤
펴낸이 | 황인원
펴낸곳 | 도서출판 창해

신고번호 | 제2019-000317호

초판 인쇄 | 2021년 06월 18일
초판 발행 | 2021년 06월 25일

우편번호 | 04037
주소 | 서울특별시 마포구 양화로 59, 601호(서교동)
전화 | (02)322-3333(代)
팩시밀리 | (02)333-5678
E-mail | dachawon@daum.net

ISBN 979-11-91215-08-3 (03320)

값 · 15,000원

Publishing Club Dachawon(多次元)
창해·다차원북스·나마스테